Legado a Isabel

Legado a Isabel

Enriquece tu existencia cada semana

MARTHA ISABEL

Grijalbo

Legado a Isabel
Enriquece tu existencia cada semana

Primera edición: febrero, 2008
Primera reimpresión: junio, 2008
Segunda reimpresión: agosto, 2008

A Isabel, mi hija.

Gracias por ser el ancla que sostiene mi lucha,
que me mantiene pegada a la tierra.
Este libro está dedicado a ti, que a tu corta edad
me has enseñado tanto acerca de los dones
de la claridad y la entereza.
Deseo que tus elecciones en la vida
estén guiadas por la serenidad,
el valor y la sabiduría.

Índice

Introducción

Todos firmamos un contrato con la vida, ¿lo sabías? Pero ¿en dónde estábamos cuando nos leyeron las cláusulas? No recordamos que alguien nos haya dicho que en la vida habría alegría, pero también tristeza; bienvenidas, despedidas; acuerdos y desacuerdos y, sobre todo, que no siempre las cosas resultarían como nosotros deseábamos. Cuando se nos revela la letra pequeña de ese contrato es cuando todo cobra sentido.

Por ejemplo, en la vida podemos encontrar el amor, pero puede venir acompañado de desengaño, traición o dolor. El contrato estipula que si amas puedes ser feliz, pero si confundes el amor con la dependencia emocional, con adicción, obsesión o como un antídoto para la soledad, entonces tendrás que pagar un precio. En la vida hay dolor, pero puede ser aprovechado como una experiencia o una oportunidad para crecer, incluso una alternativa para cambiar de rumbo. Aunque también puede convertirse en coraje, negación, tristeza, codependencia o depresión; eso depende de cada uno de nosotros.

La vida tiene reglas, si las entendemos sabremos cómo utilizarlas en nuestro favor y tendremos una guía muy clara para alcanzar la felicidad. ¿Qué vivir no es fácil? ¿Por qué no todo sale como esperamos? ¿Por qué hemos sido engañados y lastimados? La respuesta más común sería decir: así es la vida, pero no es verdad, más bien así es nuestra actitud frente a la vida. Pero ha llegado el momento de cambiarla.

La relación que tenemos con la vida es una elección propia, y puede ser consciente o inconsciente. Puedo vivirla o sobrevivirla. Puedo esperar que la vida sea como una madre sobreprotectora o como una maestra, y si algo no sale como esperaba, no me lo tomo personal y busco el aprendizaje.

Este libro nos enseña que nuestra estancia en este mundo tiene un porqué y un para qué; y que encontrando este sentido, la vida se vive de otra manera. También nos proporciona herramientas que nos enseñan un nuevo modo de enfrentar las cosas, una de ellas consiste en lo que llamo "la elección de pensamiento", la cual nos permite recuperar nuestro poder personal.

Uno de los errores más grandes del ser humano es pelearse con la vida o no comunicarse con ella. La vida sí se comunica con nosotros y nos manda señales y mensajes que sólo debemos aprender a entender y aplicar en nuestra vida.

A través de la vida es como todo el universo se comunica con nosotros y cuando comprendamos la manera cómo lo hace, la vida empezará a tener otro sentido y se volverá divertida.

El contenido de este libro comparte un padecimiento psicológico que he identificado como algo muy común y que aún no ha sido clasificado como tal. Este padecimiento (al cual nombro subidentidad) se define en dos rangos de personalidad principales:

1. El querer cambiar a los demás y decirles cómo deben ser. Sabemos que no existe mayor control que querer cambiar a los demás.

2. La dependencia emocional, la cual consiste en haber entregado las llaves de la autoestima a otras personas o sucesos, subiendo y bajando el amor propio dependiendo de la aceptación o de si las cosas salen bien.

Los temas fueron elegidos primeramente ante mis deseos personales de enfrentar lo que la vida me deparaba. No entendía, no tenía suficientes recursos emocionales y me sentía incapaz ante mis sentimientos. Necesitaba ser más inteligente con ellos, así como reconocer que necesitaba ayuda para desarrollar mi papel de madre con mi hija. Me di cuenta de que no me relacionaba adecuadamente con la vida, no la entendía. Ella o yo, o alguna de las dos, nos estábamos saboteando. Entonces entendí que la vida no tenía que ser como yo quería y que había un contrato que había firmado al nacer. Dejé de pelearme y comencé a tratar de entender sus mensajes. Luego transmití los hallazgos con la gente con la que trabajaba y descubrí que para ellos también tenía sentido. La elección de los temas fue el resultado amoroso de este proceso. Ahora, desde que los llevo a la práctica he logrado tener una relación más íntima con la vida, conmigo misma y con los demás. Dejé de sobrevivir. Fue el producto de mucho trabajo personal, el cual intento transmitir.

Este libro está dirigido a toda persona que esté interesada en adquirir recursos para enfrentar la vida y dejar de sobrevivir. A mujeres y hombres que han creído que la vida es un lugar mejor que en el que se encontraban. A personas que están seguras de que tienen un propósito superior para estar aquí, aunque estén pasando por un mal momento de su vida.

Está diseñado para leerse como cláusulas de un contrato o como una lección por cada semana del año. Los temas están relacionados con las reglas de la vida, las relaciones y la autoestima y los sentimientos.

Cada tema finaliza con reflexiones y ejercicios que tienen el objetivo de acompañar al lector en la aplicación práctica de lo que se dice en el libro. La lectura de los temas da el aporte teórico y los ejercicios nos ayudan a hacer propio el conocimiento y la comprensión de los temas, para convertirlos en un aprendizaje de vida.

Al final se incluye El Contrato con la Vida, para que lo firmes y te comprometas a tener una mejor vida.

También se anexa un instrumento que te permitirá identificar si tienes alguna relación de tipo destructivo.

La intención del libro es que leas un tema por semana y que reflexiones en él durante esos días y apliques el conocimiento, para continuar con otro tema la siguiente semana. Existen tres alternativas para leer el libro. La primera es escogiendo el tema que te interesa; la segunda es por orden, pasando de semana en semana; y la tercera opción es eligiendo la sección que contenga el tema que necesites o requieras en ese momento. Lo único que se recomienda es leer y practicar en el orden en que están, como en los Doce Pasos de Alcohólicos Anónimos (semanas 38 a la 49).

Estos Doce Pasos se incluyen como parte del contenido del libro, ya que está comprobada su eficacia no sólo para resolver problemas de adicción, sino que pueden ser aplicados para cualquier problema en general. Estos Doce Pasos son creados en los años cuarenta, teniendo como antecedentes otros grupos de alcohólicos, como los Grupos Oxford. El doctor Bob y su paciente Bill, un corredor de bolsa de Wall Street, se juntaron con sacerdotes, pastores, monjas, adictos y especialistas, para que con base en la experiencia, conocimiento y observaciones de todos ellos, se pudiera diseñar un método que fuera útil para superar las adicciones.

Este libro, sin duda, será una valiosa referencia para todos los días de nuestra vida.

Hasta que el alumno está listo aparece el maestro...

ROBERT FISHER

No pidas amor hasta que estés listo para ser sanado lo suficiente, para dar amor y recibirlo.

No pidas alegría hasta que estés listo para sentir tu dolor y liberarlo, para que puedas sentir alegría.

No pidas el éxito hasta que estés listo para conquistar las conductas con las que lo sabotearías.

No sería bueno que pudiéramos imaginarnos que tenemos o nos hemos convertido en todo aquello que queríamos.

MELODY BEATTIE

Mas ten cuidado con todo lo que pidas porque se te dará....

Se nos ha dado el libre albedrío.

Mas no pidas que las cosas sean como tú quieres pasando por encima de una voluntad superior.

Las cosas se harán contigo a pesar de ti.

Existe un plan más sabio que el tuyo o el mío.

Y créelo, las cosas buenas son nuestras si las pedimos, si estamos dispuestos a sembrar y preparar el campo...

Pide el don de la gratitud para poder ver los regalos y que no se te pasen por enfrente.

Pide claridad y dirección para no equivocar el camino.

Pide el don de la humildad para aprender las lecciones.

Pide los ojos del espíritu para ver cómo la vida se abre frente a ti.

Pide aceptación para vivir la vida como se presenta.

Pide amor para ti para plantarte firme cuando vengan los tiempos difíciles.

Pide el don de sentir para que puedas conocer la plenitud.

Pide valor para cambiar.

Pide confianza para unirte con fuerza al plan superior.

Pide fe y entonces verás cómo todo se convierte en un regalo del universo para ti.

Donde tú eres parte de esa gran misión del hombre con el hombre y de Dios con el hombre...

MARTHA ISABEL

Firmar el contrato

Después de una mañana de consultas, recibo en mi última cita a Maite, una adolescente de cabello castaño claro, facciones finas y complexión delgada. Por mi trabajo con adictos, anoréxicas y otros trastornos obsesivos, Maite acude a terapia a solicitud de su madre, ya que la encontró fumando marihuana y eso le hace pensar que su hija ya es una adicta consumada. Nada más lejano de la realidad; era la primera vez que Maite consumía una droga y eso no la convertía en una adicta, aunque sí era una llamada de alerta. Lo que sí descubrí, y que su madre no sabía, es que Maite padecía de anorexia y bulimia.

Después de 15 minutos de sesión, durante los cuales Maite se dedicó a repetir con ironía las palabras de su madre: "Las drogas te van a matar", "¿que no les tienes miedo?", "¿no tienes miedo de morir?", me dijo: "¿Qué mi mamá no sabe que no le tengo miedo a la muerte?".

En ese momento el rompecabezas mental unió las piezas y pude comprender algo que ha sido crucial en mi experiencia como terapeuta y también en lo personal. Yo sabía que las drogas y la anorexia funcionan como autoagresión, que son un suicidio lento, pero lo que vi en toda su dimensión es que el adicto (incluyendo anoréxicas y personas con trastornos compulsivos) no le tiene miedo a la muerte, es más, la está buscando.

Entonces, Maite me sacó de mis pensamientos con su pregunta: "¿Tú sabes a qué sí le tengo miedo?".

Ahí estaba la última pieza del rompecabezas.

—Sí —le dije—, sí lo sé. A lo que tú le tienes miedo es a la vida. Te cuesta más trabajo enfrentar la vida que la muerte. Por eso estás aquí... por eso no te has ido. Sobrevives entre tus depresiones.

Maite dejó de mirarme con ironía.

—No sabes cómo vivir la vida —continué—, por eso necesitas de muletas para caminar. Tu anorexia es una muleta. Nadie te ha enseñado a amar la vida. Te enseñaron a temerle y necesitas muletas para caminarla. Por eso es que no te fuiste de mi consultorio cuando tu madre te trajo aquí, estás buscando...

Esto es una realidad... nadie nos enseña acerca de la vida y cómo enfrentar sus reveses. No nos entrenan para superar desacuerdos y frustraciones. Nadie nos dice que muchas veces la vida no es fácil y que nos pondrá a prueba con obstáculos, dificultades y tristezas a las que debemos sobreponernos. No nos contagian la ilusión para amanecer cada día ni nos dan la fortaleza para superar cualquier situación adversa.

¿De dónde sacamos nuestras primeras ideas acerca de la vida?

¿Cómo fue que no escuchamos o no nos dijeron la parte en que habría tristezas y no sólo alegrías? ¿Cómo fue que llegamos a pensar que la vida no tendría dificultades y que todo sería fácil? Y, entonces, cuando pasa algo triste o desagradable no sabemos qué hacer y pensamos: ¿Por qué tiene que pasarme esto a mí? ¿Qué hice para merecerlo?

Como si no hubiera estado escrito en el contrato de la vida, pero... ¿cuál contrato?, ¿es que había que firmar algo?

El contrato de la vida decía que habría alegrías, pero también tristezas.

Lo que a Maite le pasaba era que había aprendido a negar la tristeza o a fugarse de ella, además de culparse por algo que es parte del precio de vivir.

Habría que saber que existe un contrato que se firma con "la vida", que nadie nos platicó de su existencia, pero que es mejor saber de qué trata para no tomar lo que sucede como algo personal.

Este contrato dice que habrá alegrías y también tristezas, que no son ningún castigo, y que podemos aprender a tomarlas como parte de la vida o convertirlas en depresión y pensar que somos víctimas.

Aquí es importante aclarar que existe una gran diferencia entre tristeza y depresión. La tristeza es parte de la vida, nos enseña y nos ayuda a valorar los momentos de alegría y dicha.

En cambio la depresión tiene como ingrediente principal la culpa; y la culpa es una autoagresión. La depresión no es parte de la vida, es un mal manejo de las emociones y una negación de los sentimientos. Es como traer cargando un bulto pesado en la espalda que no nos deja caminar. La depresión está cargada de impotencia, dolor y de una sensación de incapacidad para seguir.

La tristeza es sólo un sentimiento que puede presentarse en una época de la vida, sólo el tiempo necesario para acompañarnos a caminar, crecer y después se va.

La depresión es un miedo a la vida o una falta de herramientas para vivir.

Es importante saber que existen dos maneras de vivir la vida: la primera es negando la realidad y todo lo que está incluido en el precio de vivir y, la segunda, adquiriendo los recursos para enfrentarla, lo cual implica trabajo, aprendizaje y una actitud adecuada.

O, dicho de otra manera, tener el valor y tomar la decisión de darle el *sí* a la vida y aceptar lo que nos depare con la mejor disposición y actitud, seguros de que, independientemente de lo grandes o difíciles que sean los obstáculos, siempre saldremos adelante, más fortalecidos y con mayor experiencia.

REFLEXIÓN Y ANÁLISIS PARA LA SEMANA

1. ¿Has tenido la sensación de no saber cómo enfrentar determinados problemas?
2. ¿En cuáles áreas de tu vida sientes que te hicieron falta más recursos? Familiar, laboral, emocional, trabajo en equipo, pareja, relación contigo mismo, etcétera.
3. ¿Cuáles crees que puedan ser esos recursos? Probablemente no tengas precisión en tu respuesta, pero sí una idea aproximada de cuáles podrían ser. Anótalos.
4. ¿Cómo te relacionas con la vida? Cuando enfrentas una dificultad ¿te sientes víctima?, ¿te aíslas?, ¿te exiges perfección? o ¿cómo la resuelves?
5. ¿Le pides a la vida que sea como una madre sobreprotectora?, ¿te funciona esta actitud?
6. ¿Cual crees que es la manera más sana para enfrentar la vida?

SEMANA 2

Llenar vacíos

Nada ha nublado tanto mi mente como la soberbia y el resentimiento, recursos que generalmente utilizo para fugarme de mí misma. He sido muy soberbia desde que me di cuenta de los grandes errores de mis padres. La soberbia de estudiar Psicología, con ese conocimiento tan contundente de quien se siente segura de ser perfecta y buena. Nada genera más violencia que la soberbia. Pero después la vida me enseñó que yo no era perfecta y que no todo me había salido bien, y me di cuenta de lo difícil que es perdonarme por no ser perfecta. Que me condicionaba para quererme, que era yo misma la que no me aceptaba más que siendo perfecta.

CRISTINA

La soberbia es un atentado contra la dignidad del prójimo.

JOSÉ CUELLI

Con la soberbia, lo que le estamos transmitiendo a las otras personas es: "Yo estoy bien y tú estás mal". Nos convertimos en un juez que no da derecho a la defensa. A veces resulta cómodo anclar en la soberbia, "ser el bueno de la película" y pensar que el otro está viviendo las consecuencias de sus propios actos. Lo que realmente hace una persona soberbia es castigar o querer ser el que siempre queda "bien parado".

Y por esa soberbia nos convertimos en jueces, alimentando el resentimiento ante los errores de los demás, camino que no lleva a ningún lado. Esto es una manera disfuncional y deshonesta de enfrentar la vida. El resentimiento es un arma de doble filo.

Cristina continúa compartiéndonos su testimonio:

> Cuando yo era niña siempre me sentí victimada por mi hermana mayor. Después pasaron los años, ambas nos casamos, tuvimos hijos y cada una siguió su propio rumbo. Una vez que nos reencontramos, le hablé de todo mi dolor y de todas las terapias de perdón que había tomado, y mi hermana por fin dijo la palabra mágica: "perdóname". Después tomó su bolso y se fue. Me quedé con un vacío enorme. ¿Por qué? ¡Ese era el día esperado! ¡Yo tenía razón, había sido víctima! ¡Fue verdad! Pero, entonces ¿por qué esa falta de sentido? ¿Qué es lo que había llenado gran parte de mi vida? Y en ese momento me di cuenta de una gran verdad. Mi hermana tomó su bolso y siguió su vida… de hecho, nunca había dejado de vivirla, para bien o para mal. Y eso era todo, no había nada más que hacer. ¡Qué vacío tan grande! ¿Por qué busqué tanto tiempo este momento? Hasta ahora entendía que dejé mi vida en espera de comprobar lo mucho que había sufrido. ¡Qué triste! El resentimiento es un arma de doble filo, es una muleta innecesaria que impide seguir con la propia vida.

El resentimiento cumplió una función en Cristina, quiera aceptarlo o no, llenó un vacío y algo inconsciente ganaba con eso. Cuando se tiene un vacío es muy fácil quedarse en el resentimiento.

Por eso el perdón es un gran acto de amor propio. Se necesita una alta autoestima para entender cuando la gente actúa con base en su propio conflicto interno y poder seguir con la vida.

Quien se ama no se queda en las carencias, ya sean las propias o las ajenas.

Cada quien vive las consecuencias de sus actos. Tú y el otro. Sólo es cuestión de tiempo para que esto suceda; pero la vida no necesita de nuestra ayuda para que el otro pague su penitencia. Suéltalo, no te quedes atado a tu verdugo. Suéltalo sin negación. Suéltalo y ¡hazte una vida amorosa!

No existe mayor venganza que el éxito; y en realidad el éxito no es una venganza, es un gran acto de amor propio.

El resentimiento no funciona, el amor propio, sí.

REFLEXIÓN Y ANÁLISIS PARA LA SEMANA

1. Identifica a alguna persona con quien tengas un resentimiento muy grande y piensa ¿Por qué estás resentido con él o ella? Tratando de ser objetivo(a) y sin sentirte víctima, valida tu sentimiento. Recuerda que a veces se necesita tiempo para sanar las heridas y eso es normal, es válido sentir lo que sientes. Trata de ubicar tus sentimientos en este proceso que estás viviendo. Si es resentimiento, lo importante es que ya lo detectaste.
2. Con todo tu corazón trata de ver si tú tienes responsabilidad en ese resentimiento. Recuerda que si no lo haces tú también quedas enganchado. Hazlo por ti, si no puedes hacerlo por ambos. Anótalo y, si sientes que te pones en posición de víctima, regresa a tu adulto responsable y sé honesto(a).
3. ¿Esta lectura te arroja luz sobre lo que debes hacer con tu resentimiento? ¿Hacia dónde te lleva?
4. ¿Crees que ya estás en el momento adecuado para decirle adiós a tu resentimiento? Recuerda que es tuyo y tú puedes soltarlo o aferrarte a él. Pero si no es tu momento respétate. Lo bueno es que ya sabes que tienes opciones ¿o ya puedes decirle adiós a tu resentimiento?
5. ¿Sabes cuál va a ser tu plan de acción? Puedes escribir una carta de despedida, puedes hablar con un especialista, en fin, tú decide; lo importante es que estés bien. Establece tu plan de acción, sé muy honesto(a) contigo, si no de nada servirá (si todavía estás inmerso(a) en el sentimiento de coraje, acéptalo y valídalo, para poder ver tu responsabilidad y aprendizaje).

La subidentidad

La persona que padece subidentidad tiene miedo a la soledad, por eso cae fácilmente en relaciones disfuncionales. En el fondo, esa incapacidad para estar sola se debe a que siente miedo a la vida, a vivir la vida tal cual es. Es por esta razón que a las drogas y al alcohol se les consideran vehículos de autodestrucción y de suicidio lento, ya que son muy usados por este tipo de personas para *escapar*.

La vida tiene alegrías y tristezas, despedidas y bienvenidas; y quien padece subidentidad, al igual que el alcohólico, se traga las tristezas y le teme a las alegrías. Siendo más específicos, le teme a la intimidad. Muy en el fondo de él mismo cree que no se merece ser feliz, que no merece las cosas buenas de la vida

Las personas que padecen subidentidad y los adictos tienen un problema con la intimidad y con el amor. En vez de aceptar las despedidas y las separaciones, se *pegan* a la gente, se obsesionan y la responsabilizan de lo bueno y de lo malo que pasa en su vida, e internamente la culpan de su desgracia, aunque en el fondo no han sabido hacerse una vida propia. La gente les *sirve* para no hacerse cargo de su vida. Podemos oír opiniones tales como: "Él me hace sentir infeliz". No aman porque, como decía, no tienen capacidad de intimidad. Utilizan a la gente para no hacerse cargo de sus vidas, porque no saben cómo enfrentarlas de otra manera.

Otra característica de quien padece subidentidad es que pareciera que al nacer firmó un contrato para actuar en su propia vida como Supermán o la Mujer Maravilla, y tiene que ser perfecto, todo le tiene que salir bien, a todo el mundo le tiene que caer bien. Y la vida no es así, el ser humano no es perfecto y definitivamente no puede tener el control de todo.

El problema es que el que padece subidentidad en verdad lo intenta. Cree realmente que puede decirle al otro cómo debe y puede ser, independientemente del destino de esa persona, de un poder superior o de otros factores que puedan intervenir, como por ejemplo, la voluntad misma. Rivaliza con un poder que desconoce, pero ésta es una trampa de vida, porque la gente nunca logra ser como él quiere, nunca puede ser todo el tiempo *monedita de oro*, por lo que, al no lograr esta perfección, cae en el autocastigo y la depresión, y mientras más se deprime, más se autocastiga y más permite cosas que se dijo no permitiría jamás y más hiere su autoestima, todo lo cual se convierte en un ciclo.

¿Como se deshace este círculo vicioso? El problema se desenmaraña si su autoestima deja de depender de factores externos y de la demás gente, porque mientras esto sea así, estará atrapado en algo que no podrán resolver, por lo cual no sentirá ninguna responsabilidad. En todo caso, lo que tiene que hacer es regresar el poder a sí mismo y darse cuenta de que no puede cambiar a los demás pero que sí puede cambiarse a sí mismo.

Necesita dejar de depender de los demás. A esto se le llama desapego, y forma parte esencial de la recuperación. El desapego consiste en soltar a los demás a la vez que se establece una relación con uno mismo.

El que pade subidentidad tiene miedo a vivir la vida con todos sus dolores y su intimidad, con sus despedidas y sus separaciones; le cuesta mucho trabajo separarse y diferenciarse de la demás gente y enfrentar la vida solo, aunque sea un hecho que venimos al mundo solos y sea una realidad que no se puede cambiar con la voluntad humana.

Los sentimientos no pueden clasificarse como buenos o malos, simplemente son. No los hay adecuados o inadecuados; por ejemplo, el coraje es un sentimiento, por lo tanto debe sentirse, y una vez que cumple su función, se va. Pero quien padece subidentidad trata de controlar esos sentimientos y los niega.

La subidentidad no debe confundirse con la codependencia, ya que existen muchas diferencias entre estos términos.

Una persona que padece subidentidad puede ser alguien que ha tenido dos o tres relaciones en las que no fue querido como necesitaba y le costó trabajo separarse. No sabe cómo decir *no*. En ciertas ocasiones deja sus necesidades hasta el último; se le dificulta poner límites y tomar decisiones. Puede ser un poco obsesivo en cuanto a sus características "románticas" y pensar mucho en su pareja, pero no llega a niveles de locura y obsesión. Tiene una comunicación débil, aunque sí tiene la capacidad de transmitir sus sentimientos; procura pedir ayuda a tiempo en su intento de comunicarlos. Busca controlar y cambiar a los demás. Es dependiente emocional porque ha entregado las llaves de su autoestima y le ha dado demasiado poder a los demás, lo cual trae como consecuencia que esa misma autoestima decaiga. Se le dificulta recibir cumplidos y halagos o se siente mal con la ausencia de éstos. Busca merecerse las cosas buenas de la vida. Entiende que las relaciones pueden terminar, aunque le cuesta trabajo y le haya dado mucho poder a la otra persona. Tiende a deprimirse y a estar temporalmente dentro del tipo de relaciones de "no puedo vivir con él, pero sin él tampoco", pero definitivamente no es alguien que se queda al lado de un adicto activo, es decir, de un abandonador y con pocas habilidades emocionales. Entrega las llaves de su amor y autoestima a su gente querida, pero en cuanto se percata de esto, empieza a trabajar para evitarlo. Suele negar ciertas realidades.

Una persona codependiente es aquella que lleva muchos años viviendo junto a un adicto. Está completamente incapacitada para decir *no*, aunque suele alcanzar sus objetivos utilizando una serie de estrategias. Por lo general son personas que se dedican a rescatar a alguno de sus progenitores, hermanos, hijos o alguna persona que esté a su alrededor; rescatar compulsivamente por necesidad; todas sus relaciones se ven matizadas por su rol de víctima o rescatador. Permite ciertas conductas que ha jurado no tolerar y deja que otros lo lastimen hasta límites que llegan a niveles altos de abuso verbal, físico o sexual. Se queja, culpa y trata de controlar, al tiempo que sigue siendo víctima, luego se enoja y se vuelve completamente intolerante, para otra vez tolerarlo todo. Se siente terriblemente ansioso por los problemas ajenos y por la demás gente, es decir, se preocupa por las cosas más absurdas, hasta el grado de perder el sueño por las dificultades y la conducta de los otros; piensa y habla mucho sobre otras personas, llegando al grado de vigilar a la gente; tiene momentos en que es completamente incapaz de hablar y dejar de preocuparse por los problemas, y se llega a sentir tan afectado que a veces no puede realizar su rutina cotidiana. La locura de su obsesión llega a niveles tan altos, como los de un alcohólico después de cinco o seis copas, que su mente se vuelve ingobernable y nada lo puede calmar más que cometer lo que su mente distorsionada le dicta.

Al codependiente no sólo le cuesta trabajo comunicarse, también está casi completamente incapacitado para hablar de sentimientos, ya sean propios o de los demás, y reprimen con dureza a la gente que expresa sentimientos negativos. Culpa, amenaza, soborna, suplica, gime, aconseja, no dice lo que siente, no siente lo que dice, no se toma en serio, suspira, pide lo que desea de manera indirecta, mide cuidadosamente sus palabras para lograr el efecto deseado, dice lo que cree que complacerá o provocará a los demás, habla demasiado sobre los otros, pero no sobre sí mismo, dice que tiene la culpa de todo, dice que no tiene la culpa de nada, cree que sus opiniones no importan, miente para proteger a la gente que ama o para proteger a otros codependientes. Se disculpa por molestar a los demás… se disculpa por todo.

En sus últimas fases, el codependiente termina siendo cínico y hostil. Tiene historias con personas que estaban fuera de control y que le causaron grandes penas y desengaños. Trata de controlar los eventos y a la gente a través de manipulaciones y amenazas. Tiene miedo de permitir que los demás sean como son y de que las cosas sucedan de manera natural. Es dependiente en extremo. Se pega a los otros pensando que ellos le pueden dar felicidad. Constantemente teme que otras personas no lo amen y busca la aprobación. Le exige amor a gente incapacitada para amar. Siente fobia por la pérdida de cualquier cosa o persona que cree que le da felicidad. Su concepto del amor está completamente confundido con el dolor y también con el control. Más que querer a la gente la necesita, y constantemente tiene que probar que es digno de ser amado. No se toma el tiempo para ver si los demás le convienen. Su vida gira alrededor de otras personas y de ellas proviene su sentimiento de bienestar. Pierde interés en su propia vida cuando ama. Se queda atrapado en malas relaciones y deja malas relaciones, pero también forma otras nuevas que tampoco funcionan, y eternamente se pregunta si alguna vez encontrará el amor.

Sólo se ama a sí mismo si es "lindo", amado y aceptado. Suele deprimirse por falta de cumplidos y halagos, se siente diferente al resto del mundo; su gran temor es el rechazo, toma las cosas personalmente y tiene un miedo enorme de cometer errores. Está lleno de *deberías* y cree que no merece cosas buenas ni felicidad. Considera que no es posible que los demás lo amen y se conforma con sentir que lo necesitan. El codependiente no ama, utiliza, y cuando está solo, siempre se abandona a sí mismo, como un niño.

Muchos de nosotros, en alguna época de nuestra vida o en algunas de nuestras relaciones, pudimos haber presentado alguno de los síntomas de una persona codependiente, pero el manifestar determinado síntoma de manera temporal tiene una enorme diferencia respecto a una persona codependiente que se queda 40 años de su vida destruyendo y destruyéndose, convirtiéndose en un ser humano con las características mencionadas.

REFLEXIÓN Y ANÁLISIS PARA LA SEMANA

1. Antes de los 25 años, ¿ya habías vivido más de 2 ó 3 relaciones destructivas o tal vez una sola pero con matices muy obsesivos?
2. Leyendo este capítulo, ¿consideras que padeces de subidentidad? ¿Te identificas con las características de este trastorno? ¿En qué te ayuda saberlo?
3. ¿Te consideras codependiente? ¿Te identificas con las características de este padecimiento? ¿En qué te ayuda saberlo?
4. La subidentidad es un padecimiento que requiere de trabajo personal para superarlo. ¿Qué piensas hacer al respecto? ¿Crees que el trabajar en ti mismo(a) te ayude en tu vida? ¿Cómo?

¿Es amor o adicción?

¿Por qué la historia de las adicciones se remonta a las mismas épocas en que inicia la historia de la humanidad? ¿Podríamos pensar que la historia de la humanidad es la historia de las adicciones? Si recordamos dibujos de varios siglos antes de Jesucristo, veremos que desde entonces ha habido personas que beben y que tienen sexo sin medida.

¿En dónde está esa delgada línea que divide la esencia del ser humano del perfil adictivo? ¿Cómo saber cuándo se cruzó la línea? Por ejemplo, ¿cómo saber si estoy enamorado o estoy cruzando la línea? ¿Cómo saber si estoy amando o siendo destructivo en la relación?

Es importante saber que existe una gran diferencia entre estar enamorado y padecer subidentidad, hay una diferencia entre enamoramiento y subidentidad. ¿Qué no se siente lo mismo cuando se está enamorado o cuando se está en estado de subidentidad? En realidad las características son las mismas: todo el tiempo se piensa en esa persona, todo el tiempo quieres estar con ella, tu vida gira a su alrededor, quieres saber qué siente y qué piensa. Cuando se está enamorado también existe una dependencia a sentirte como la otra persona se siente.

La subidentidad se origina en una búsqueda inconsciente por satisfacer las necesidades que no se cubrieron en la infancia. Y entonces se va por la vida con las carencias de "el niño", buscando que los demás llenen nuestras necesidades, y con una incapacidad enorme para dar.

El enamoramiento es una etapa natural dentro de una relación, pero el querer perdurarla eternamente no es sano ni maduro.

En el proceso normal de enamoramiento, una persona comienza sintiendo simpatía por otra para después pasar a una atracción inocente; sin embargo, en la codependencia se idealiza a la persona hasta llegar a convertirla en un ser con grandes poderes y casi perfecto. Se proyectan en la otra persona todas las ilusiones y se cree que es la única que puede darnos la felicidad. Y si además este flechazo es muy rápido, pudiéramos pensar en subidentidad, ya que puede ser síntoma de inmadurez afectiva, porque la evolución de una relación normalmente es lenta y progresiva.

Con frecuencia, en las primeras fases de la adicción, al romance se le confunde con el enamoramiento. La diferencia está en que la persona que simplemente ama sabe quién es y lo que vale, tiene un alto sentido de su identidad por sí misma y no por la persona que está con ella.

La adicción del que padece subidentidad provoca las relaciones destructivas, y si la relación no es destructiva, la vuelve así con sus conductas controladoras de querer cambiar a los demás, con la falta de honestidad, de madurez o cuando se aprovecha de la incapacidad de la víctima para poner límites.

Estamos siendo destructivos cuando nos relacionamos a partir de nuestras carencias. "Nadie puede dar lo que no tiene." Si yo no tengo un Ferrari, aunque quiera, no puedo dar un Ferrari. Y si lo que tengo es una herida, lo que voy a dar es una herida; es decir, que voy a herir con mi herida. Y la voluntad y el amor no van a ser suficientes. Porque, como decía anteriormente, no puedo dar lo que no tengo. No puedo darte un Ferrari aunque tenga toda la voluntad y el amor suficientes para hacerlo.

No basta con la buena voluntad o el amor; es muy sencillo, lo que no se tiene, no se puede dar.

La buena voluntad habla de *buena voluntad* y el amor habla de que *se ama a la persona*; pero si no se tiene salud emocional no se puede dar una relación sana; entonces hay que trabajar en ello.

Como terapeuta, los principales problemas de pareja que he detectado comienzan con una necesidad: la incapacidad de ambos para responder ante ésta. Un hombre o mujer que en realidad actúa como un niño o niña ante cualquier necesidad de su pareja no va a tener los recursos para responder como un adulto.

Claudia y David llegaron a psicoterapia porque tenían una gran incapacidad para responder a las necesidades del otro. Cada que Claudia necesitaba algo, David primero se molestaba, después se hacía la víctima, dándole mil razones por las cuales no podía atender lo que ella pedía. Claudia, después de tratar de hablar, terminaba enojándose y luego se sentía culpable. Después él cedía y resolvía una de las necesidades, y así continuaba el cuento de nunca acabar: cada que existía una necesidad se presentaba el mismo conflicto.

Ella llegó a terapia porque estaba realmente cansada. Sentía que en todos los años de matrimonio había tenido que soportar la incapacidad de su marido de dar lo que no tenía. Lo que pasaba era que su marido era un niño que necesitaba sanar su pasado para poder dar y enfrentar la vida como un adulto. Lo que se veía por "encima" era que Claudia actuaba como el verdugo y David se sentía muy cómodo de creerse víctima de esta situación: porque ella explotaba como una niña haciendo un berrinche cuando no le satisfacían sus necesidades. Ambos estaban actuando desde su *niño interior* no sanado; convirtiéndose a un mismo tiempo en verdugo y víctima del otro.

Amar es proteger al otro de nuestra capacidad para destruirlo y, por lo tanto, para destruirnos.

JOSÉ CUELLI

Nadie puede dañarnos emocionalmente tanto como las personas que amamos. Las grandes heridas han sido ocasionadas de padres a hijos, de esposos a esposas y de hijos a padres. Pero si nosotros dañamos a quien más amamos, ¿qué tipo de ser humano somos?, ¿de qué madera estamos hechos? Si destruimos lo que más queremos, entonces nos estamos destruyendo a nosotros mismos.

Amar es sacar la mejor parte del otro. Es ayudar a que esa persona se convierta en lo mejor que pueda ser.

Somos destructivos en las relaciones cuando nos convertimos en el verdugo del otro, cuando estamos en una relación desigual, ya sea siendo nosotros el verdugo o la víctima. Incluso cuando nos convertimos en víctimas también nos hacemos daño y se lo hacemos a los otros, porque sacamos de los demás su peor parte; somos cómplices de sus actitudes de verdugo. Estamos ayudando a que sea lo peor que puede ser, y eso, por supuesto, no es amor.

Por eso siempre he dicho que la adicción del que padece subidentidad es a las relaciones destructivas. Elige personas con carencias. Y la unión de dos carencias nunca va a completar nada.

El amor adulto es el de alguien que no cree en los cuentos de princesas ni de caballeros andantes. Entrar en una relación adulta es saber qué hay que dar. Que no podemos llegar a una relación esperando sólo recibir. Tampoco podemos pensar que la pareja nos va a "rescatar" de algo o alguien.

El adicto al romance no encuentra nunca lo que busca porque en realidad eso que tanto anhela es su verdadero yo. Eso que perdió en algún rincón, tal vez en su infancia, y que sólo podrá encontrar en su interior, no en los demás.

Perdió ese yo cuando abdicó a su vida y a sí mismo, porque se sentía avergonzado de ser quien era. Y de adulto se sintió vacío, sin sentido y sin valor. Y así se lanzó al mundo, en busca de la fuente de autoestima, en busca de alguien que le demostrara que es valioso y digno de amor. Pero ese alguien tiene que demostrárselo una y otra vez, porque de algún modo sabe que le ha dado a la otra persona todo el poder para hundirlo en la tristeza más absoluta, con un simple rechazo o un "ya no te quiero". Entonces viene el dolor, el coraje, el resentimiento reprimido. Se ve a sí mismo como un ser dedicado a su pareja, hasta que un día, por cualquier motivo, desaparece esa persona de su vida: "te abandono", le dice. Y escucha entre las sombras las palabras más aterradoras que podría escuchar en toda su vida. Con ella se va todo su mundo, su vida se cae, se queda solo.

¿Cómo no estar resentido con la persona que tiene el poder de dejarle sin identidad y sin sentido a su vida?

Algunas personas, quizá más capaces de percibir sus miedos, las que no reprimen tanto sus sentimientos, responden aterradas ante su dependencia y se vuelven en contra de ella. Temen a la intimidad, porque al ser tan débiles sus fronteras, saben que pueden llegar a perderse en su pareja si se dejan enamorar; saben que van a sufrir de nuevo, como ha sucedido en el pasado y se alejan del amor y de los demás. Afirman no necesitar amor, encerrándose en sí mismas. Estando solas, tal vez rodeadas de gente, pero sin dejar que se acerquen a ellas lo suficiente como para llegar a algo más profundo. Perciben la cercanía muy íntima como una amenaza; por eso eligen gente con incapacidad para amar o intimar, porque esa gente nunca les hará sentirse vulnerables.

REFLEXIÓN Y ANÁLISIS PARA LA SEMANA

1. Volteando hacia atrás en tu vida, ¿tiendes a relacionarte funcionalmente o tienes rasgos de adicción al romance?
2. ¿Amas a las personas como son, las niegas o las idealizas? ¿En el pasado has podido querer a tu pareja tal cual es o entraste en lucha de poder queriéndola cambiar?

3. En una relación, ¿sabes negociar sin querer cambiar al otro?

4. Ahora que conoces la diferencia entre el amor y la adicción al romance, ¿de qué te das cuenta? Piensa si te relacionas desde tus carencias. ¿Sueles llenar tus carencias con gente, alimento, compras, romance, etcétera?

5. Reflexiona si sólo tú puedes llenar tus vacíos. Haz un plan de acción para lograrlo. Es mejor escribirlo.

Adiós a la víctima

Sí existen niños víctima, pero no adultos víctima. Los niños no se pueden defender. Aunque el ser humano es el animal más evolucionado, es el que a diferencia de cualquier otro, no puede ser autosuficiente al momento de nacer y depende totalmente de sus padres.

Los niños necesitan de sus padres y de personas mayores, por lo que pueden ser víctima de algún adulto. Cuando crecemos, si hubo algún abuso, nos sentimos víctimas y recurrimos a la impotencia, nos paralizamos y es probable que nos deprimamos, como un animalito que está enjaulado y por falta de opciones se tira a la impotencia.

Si sólo volteamos a ver lo mal que se ha portado la otra persona o lo mal que sigue portándose, y nos ubicamos en una posición de víctima, no aprendemos y nos quedamos en el resentimiento, en el dolor y *nos atoramos*. No hay aprendizaje. Si lo que hay en nuestra mente es que el otro esta mal y yo bien, ¿qué aprendemos de ahí? Nada. Y luego... algo vuelve a suceder y nos sentimos víctimas, pero nada más vemos la parte del otro y el dolor se convierte en resentimiento, y se sigue en el cuento de nunca acabar...

No podemos cambiar a nadie, pero tampoco estamos a merced de nadie. Y sí, tal vez nada cambie, pero lo que sí podemos hacer es lo que está en nuestras manos. Es posible dejar de ser víctima. No somos impotentes ni "pobrecitos"; cualquier problema o dificultad es sólo un aprendizaje más en la vida.

No somos los únicos ni los últimos que enfrentaremos momentos difíciles. Además, el compararnos significa un auto-sabotaje, porque al hacerlo de seguro alguien va a salir per-diendo y es probable que ese alguien sea alguno de nosotros. Dejemos de creernos los buenos, porque si nosotros somos los "buenos", entonces hay alguien "malo" a quien estamos res-ponsabilizando de todo.

No estoy diciendo que no haya gente que esté haciendo las cosas mal, digo que nosotros no tenemos por qué quedarnos atorados por la parte destructiva de los demás.

Existe una liga íntima entre el verdugo y la víctima.

Paco Ignacio Taibo II

Digo que no tenemos por qué darle tanto poder al otro, y no-sotros quedarnos indefensos ¿por qué? ¿para qué?

Ana tiene cuatro años separada. Su ex marido no gana bien y ella sigue queriendo contar con su ayuda a pesar de que duran-te todo el tiempo en que han estado separados él no la ha apo-yado. Recientemente una amiga le ofreció trabajo a Ana. Ella lo aceptó, pero estuvo a punto de perderlo, ya que se dedicó a sabotearse quedando mal todo el tiempo. Luego regresó a su ciclo de ser la víctima —creer que era impotente— y deprimir-se. No se da cuenta de cómo se autosabotea y de cómo necesita sentirse víctima para obtener las "ganancias secundarias" que con ello ha logrado.

Ya sabemos que la gente puede equivocarse y hacer las cosas mal. Sí, pero a nosotros eso no nos cambia en nada. Necesi-tamos trabajar en nosotros mismos. Y, ojo, no estoy diciendo que no hay gente por ahí haciendo daño. Lo que estoy diciendo es que hay una liga íntima entre el verdugo y la víctima: ambos hacen daño, la diferencia es que el verdugo le hace daño a los demás y la víctima a sí mismo.

REFLEXIÓN Y ANÁLISIS PARA LA SEMANA

1. De niño(a) ¿te sentías víctima? ¿De adulto(a) también? ¿De qué te ha servido? Si te sientes impotente, ¿en qué te beneficia?

2. De verdad ¿crees que siempre has sido bueno(a)? Recuerda alguna ocasión en que te hayas equivocado, ¿qué estaba pasando contigo en ese momento? ¿O que dejaste de hacer para vivir esto? Escríbelo para ti.

3. ¿Qué aprendiste de la experiencia de ser víctima? ¿Qué necesitabas aprender acerca de ti mismo(a)?

4. ¿Te sentiste identificado(a) con la lectura de esta semana? ¿Para qué crees que te sirvió esta información?

5. Reflexiona durante esta semana sobre el daño que te has hecho a ti mismo(a) con estas creencias y actos de víctima.

6. Fíjate una meta para esta semana que te ayude a superar situaciones en las que te has sentido víctima, por ejemplo, escribe cómo fue que comenzaste a actuar así: con quiénes te enganchas fácilmente en esta postura, de qué te ha servido ser la víctima, qué dejaste de hacer o de qué no te responsabilizaste por sentirte la víctima, qué acciones para el futuro deseas hacer al respecto.

El costo del control es el amor

El control es un problema viejo, aunque se le ha identificado y tratado como tal recientemente. El codependiente al igual que quien padece subidentidad es un gran controlador. Por otra parte, la codependencia es tan vieja como la historia de la humanidad.

La persona codependiente tiende a estar al lado de gente con problemas. También puede ser alguien que busca que los demás cambien y hagan las cosas a su modo.

Si le preguntáramos al codependiente o a quien padece subidentidad: ¿Qué necesitas para ser feliz? Lo más probable es que conteste: "Que mi mamá sea más igualitaria con todos sus hijos, que mi pareja sea mas cariñosa, que mis hermanos ayuden más...". Su felicidad depende de los demás, no de él.

Necesita que los otros cambien para estar bien, su bienestar está depositado en manos de los demás, y lo más grave es que los demás ni siquiera están enterados de la responsabilidad que se les ha dado ni se les ha preguntado si la quieren aceptar.

Busca cambiar a los demás, está esperando que sean como él espera, que llenen sus expectativas; y no existe mayor anhelo de dominio que querer cambiar a alguien, que querer decirle a otro cómo debe ser o cómo debe resolver sus problemas.

El control en el fondo lleva una carga de desaprobación a uno mismo o a los otros. Tiene miedo de sí, de su interior, de lo que piensa, de lo que siente. Por eso, como una forma de protección prefiere reprimir sus emociones, busca cambiar a los otros y controlar sus vidas.

No hay nada que obstaculice más las relaciones que el control y querer cambiar a otra persona.

"Mi madre peleó con mi padre por la sal en la mesa por más de 45 años, y eso nunca cambió. Ella quiso cambiar a mi padre y nunca lo logró. Mi madre nunca aceptó a mi padre, vivió muy infeliz y nos hizo muy infelices a todos. Peleaban todo el día", dice tristemente Álvaro.

El principal ingrediente en la lucha de poder es el control. Según las estadísticas de divorcio, la causal número dos de divorcios es por poder mismo; el control siempre lleva a la lucha de poder.

Lo que he observado en mi trabajo como terapeuta con personas codependientes es que lo que las mantiene al lado del adicto es el hecho de pensar que lo van a poder cambiar, que algún día va a dejar de tomar o de drogarse. Y esto nunca pasa así, de hecho, sucede lo contrario, el codependiente y el adicto son una mancuerna, el equipo perfecto para que se siga manteniendo la adicción.

El pegamento que mantiene unida esta relación es la creencia de que lograrán cambiar al otro, y esto se vuelve algo obsesivo-compulsivo.

La aceptación y el desapego evitan el control y ayudan a las personas a relacionarse con la gente de una manera que les permite ser como son. Y cuando se dejan fluir las relaciones es cuando se da el crecimiento. Las dejas en libertad. El control asfixia.

El controlador es muy hábil, casi siempre da en el blanco de las emociones de los otros, sabe cuáles son sus puntos débiles y los explota. Cree que controlándolos a ellos y a sí mismo estará a salvo. Gasta toda su energía buscando estrategias, consciente o inconscientemente, para estar siempre en una posición de superioridad. Generalmente trata de lograr que la otra persona haga lo que él quiere, mostrando su desaprobación de alguna manera, y si no funciona, buscará otros métodos que transmitan su mensaje: "Estás mal por lo que piensas, sientes o haces; en cambio yo estoy bien".

Exige, en lugar de pedir o convencer. Busca controlar al otro con el miedo y la culpa; no lo considera capaz de correr riesgos y de tomar sus propias decisiones.

La persona controladora crea un ambiente de enojo, tensión y lucha a su alrededor, y consigue que los demás acepten ese control porque éstos quieren evitar conflictos y desean conservar la paz, pero en el fondo acumulan tal resentimiento que se abre una brecha muy difícil de salvar entre las personas involucradas.

Hay muchas formas de controlar, por ejemplo: con el silencio, las enfermedades, la fuerza física, la agresión verbal, la amenaza de muerte, la seducción, el dinero, la indiferencia, la sobreprotección, los gestos y miradas, las expectativas, la crítica, la manipulación, la represión, etcétera.

Existe gran cantidad de personas controladoras que no necesariamente son codependientes o padecen subidentidad. Para hablar de la codependencia o de subidentidad que se manifiesta en el control, tenemos que distinguir dos aspectos principales: primero, que se haya convertido en conducta obsesiva y, segundo, que acabe controlando al controlador.

Por ejemplo, alguien puede ser una persona controladora por egoísmo, pero cuando ya no puede actuar sin controlar, cuando vive para eso, cuando pone todas sus energías para lograrlo, cuando ya no puede ser honesta, cuando actúa por compulsión, ya no por conveniencia, entonces ya estamos hablando de una codependencia.

Las hermanas Barneche dicen que cuando el controlador quiere tener todas las circunstancias externas bajo su dominio, una simple cosa que se le sale de su mando lo puede desquiciar de tal forma que acaba siendo manejado por tantas y tantas cosas que paradójicamente no puede controlar, y esto también es codependencia.

REFLEXIÓN Y ANÁLISIS PARA LA SEMANA

1. ¿Qué crees que te impulsa a controlar? ¿Descubres que en ocasiones controlas a pesar de que te das cuenta, y quieres detenerte y no puedes? ¿Qué ganas al controlar gente? ¿A quién principalmente tratas de controlar? ¿En qué ocasiones?
2. Analiza las actividades que realizaste el día de ayer. ¿Quién lleva el control sobre lo que sucede? ¿Siempre eres tú? ¿Sólo en ocasiones? ¿En cuáles?
3. ¿Sólo puedes estar feliz cuando todo está como tú quieres?
4. ¿Prefieres ganar a ser feliz?
5. ¿Alguna vez has podido dejar que las cosas sucedan por sí solas? ¿Qué ha pasado? ¿Han salido mejor de lo que tú planeaste?

Dependencia emocional

La dependencia emocional es la tendencia a darle poder a los otros. Sentirnos como la demás gente quiere que nos sintamos es como si no existiera ninguna frontera entre los sentimientos exteriores y los interiores, provocando que las opiniones externas o los sentimientos de las otras personas entren directamente sin que exista ningún filtro que los detenga o los ponga en *tela de juicio*.

Dicho de otra manera, se entregarán las llaves de la autoestima a todos los seres queridos para que entren cuando quieran, sin que se pueda intervenir o poner algún límite, por lo que podrán manipularla de acuerdo a su conveniencia.

Es importante aclarar que no porque se quiera profundamente a alguien se le va a permitir influir en la autoestima; tu autoestima sólo tú puedes tocarla, por eso es *auto*, es decir, que sólo es tuya y sólo depende de ti. Pero en este punto quien padece subidentidad tiene un grave problema.

Una persona que no es codependiente entrega las llaves de su amor a las personas que quiere, pero nunca entrega las llaves de su autoestima.

Sin embargo, la manera en como se educó al codependiente se hizo con base en el *hacer* y no en el *ser,* es decir, desde niño aprendió a hacer cosas para ser amado, para ser "niño bueno"; aprendió a ser como la demás gente le dijo que fuera y, de esta manera, no se le permitió ser él mismo. De ahí su dependencia hacia los otros.

Andrés menciona que su madre siempre le decía: "a los niños que se enojan nadie los quiere" o "si no haces esto o aquello nadie te va a querer".

Lo que Andrés aprendió con esa actitud de su madre fue a
hacer lo que los demás esperaban que hiciera, ya que sólo así
podía sentirse amado y aceptado. Y ahora no se siente seguro
de *ser* como realmente es, por lo cual se ha vuelto muy dependiente de la aceptación de los demás. Y, por si fuera poco, se va
haciendo un *vacío* a nivel de identidad en su ser. Porque él hace
lo que le dicen, su verdadero ser se anula; de ahí que le cueste
tanto trabajo tomar decisiones, saber qué quiere y qué no quiere, qué le conviene y qué no le conviene.

Ese vacío es el que después ha tratado de llenar con otras
personas, buscando su aceptación y complaciéndolas, tal como
le enseñaron. Y constantemente va a estar evadiendo el contacto con ese vacío, porque cada que se acerca a él, lo vive como
un abandono a su *niño interior*, de ahí que su talón de Aquiles
sea el miedo a la soledad, porque vive la soledad como abandono. Por eso se involucra en relaciones disfuncionales que
"llenan su vacío". Es el mismo vacío que el alcohólico quiere
llenar con alcohol y el drogadicto con droga, aunque el costo
sea la identidad y la espiritualidad.

Porque somos seres físicos, mentales y espirituales. Entonces se
va a relacionar desde este vacío, desde sus carencias y sus incapacidades y le va a costar mucho trabajo dar de una manera efectiva;
es complaciente, sí, pero no tiene una manera funcional para dar.

¿Qué otra característica tiene esta forma disfuncional de relacionarse? Las hermanas Barneche dicen que otra condición consiste en ser obsesivo, dependiente, apegado a la gente, negar sus
sentimientos y presentar conductas compulsivas y controladoras.

La subidentidad es muchas cosas. Es una dependencia a los
demás: a sus estados de ánimo, a su conducta, a su enfermedad o
bienestar y a ser aceptado. Aunque a veces pareciera que los demás dependen de ellos, en realidad son ellos los que dependen de

las demás personas. Pareciera que son fuertes, pero se sienten desamparados. Controlan, pero terminan controlados por el control.

Melody Beattie habla de algunas áreas que se ven afectadas al referirse al codependiente pero que también aplican a quien padece subidentidad, entre ellas: la autoestima, el papel de rescatador, la represión, la obsesión, el control, la dependencia, la negación, los límites, la comunicación, el manejo del coraje, la parte compulsiva, etcétera.

Depender emocionalmente de otra persona significa paralizarse si ésta no da su aprobación; ser felices o infelices según el humor o la conducta del otro; tener constantes expectativas sobre cómo se quiere que el otro sea y frustrarse porque no lo es.

Ser dependientes significa que la felicidad de los otros es más importante. Que la felicidad personal no importa, pero también que se les permite a otras personas tomar decisiones sobre la propia vida, cuando debería corresponderle a uno mismo hacerlo.

Consiste también en una dependencia a hacer siempre lo que los demás esperan que se haga, con lo cual el codependiente acumula mucho resentimiento, culpa y una preocupación y ansiedad constantes, pues depender de la aprobación de los otros impide la libertad que se puede tener para ser uno mismo.

Por otra parte, complacer a alguien para luego exigirle lo que debe por lo que se le dio, es también una forma de ser dependiente.

Por supuesto que una persona no se vuelve dependiente de la noche a la mañana, se necesita toda una vida en la que, como dicen las hermanas Barneche, "se enseña a los demás a que lo dominen" a uno.

Muchas personas escogen voluntariamente ser dependientes porque eso les trae ciertas ventajas, tales como sentirse bien consigo mismas por estar complaciendo a los otros, porque así no son responsables de su propio comportamiento, o pueden echarle la culpa a los demás y evitar correr el riesgo de decidir o cambiar.

Se ha comprobado que el dependiente elige serlo, pero acumula mucho enojo contra la persona de la que depende.

Este coraje acumulado, que se une al resentimiento, puede estar guardado por años, quizá hasta parezca que ha desaparecido, pero da señales de que existe porque hay una voz de alarma, que se expresa en ciertos sentimientos tales como desilusión y sensación de ser dejados a un lado, subidas y bajadas de peso sin razón aparente, dolores y enfermedades psicosomáticas, evasión de relaciones con parientes y amigos, sensación de pérdida, etcétera.

Lo peor de todo es que no sólo existen esos sentimientos negativos, sino que los sentimientos positivos, como la alegría y el amor, son aplastados.

La dependencia llega a convertirse en un modo de vida. El codependiente y quien padece subidentidad se "acostumbran" a vivir preocupados, obsesionados, ansiosos, temerosos.

El camino que proponen los teóricos para salir de la dependencia es el desprendimiento.

El desprendimiento o desapego es la meta.

REFLEXIÓN Y ANÁLISIS PARA LA SEMANA

1. ¿Te identificas con lo leído en esta parte?
2. ¿Te sientes culpable cuando tienes que decir *no*?
3. ¿Cuando tienes que defender tus derechos o sentimientos, prefieres someterte a la voluntad de otros?
4. ¿Te cuesta trabajo permitirte sentir miedo, enojo o ganas de llorar?
5. ¿Raras veces expresas tus emociones "desagradables"?
6. ¿En diversas ocasiones no puedes explicar lo que sientes?
7. ¿Tratas de hacer lo que los demás esperan de ti?
8. ¿Evitas el conflicto a cualquier precio?
9. Si tienes una diferencia con alguien ¿todo el día estás con este mismo sentimiento y tu mente está obsesiva con lo sucedido?
10. ¿Para qué te sirve darte cuenta de lo anterior?

El saldo de las malas relaciones

Todos nos equivocamos.

Pensar que nunca nos vamos a equivocar es tan destructivo como el no ser responsables de nuestros actos o el no sentir dolor cuando le causamos daño al prójimo.

Todos nos equivocamos.

Pienso que educar a los hijos con esta certeza los ayuda a la aceptación de sí mismos. Uno de los principios de la Programación Neurolingüística dice: "No existen errores, sólo retroalimentación". Hay aprendizajes más fuertes. Algunas relaciones son más destructivas y sus saldos más altos. Decisiones inadecuadas que nos dan aprendizajes para la vida. Aprendizaje, aunque puede ser difícil.

Las malas relaciones nos dejan con la sensación de que fuimos abusados, victimados y pagando cuentas muy altas, en todos sentidos. Pero luego de aceptar el sentimiento y de pagar las cuentas, es muy útil observar la responsabilidad que tuvimos y no desde una posición de víctima, sino analizando cómo actuamos para provocar la mala relación, ya que su presencia nunca es obra de una casualidad; aprender de ello puede ser difícil, pero es el único camino y es muy liberador.

¿Es qué estaba muy necesitado? ¿Fue por mi necesidad que llegué hasta ahí? ¿Fue por la soberbia? ¿Me estaba fugando? ¿Estaba buscando que me rescataran en lugar de aprender la lección y resolver la parte que me correspondía?

Sea cual sea el motivo, consciente o inconsciente, *la vida no se queda con nada*. La cuenta hay que pagarla.

Y la única manera de no repetir la historia es dejar de culpar al otro y aprender de lo vivido. Ser lo suficientemente responsable para saber que siempre hay una consecuencia de nuestros actos. Pero hay que tener claro que es consecuencia, no castigo, que estamos aprendiendo.

A nadie le prometimos ser perfectos. ¿En dónde está firmado? De hecho, lo único que sí firmamos es un SÍ a la vida, y nuestro sí a la vida significa aceptar que somos humanos; y los seres humanos nos equivocamos, y eso está bien. Podemos querernos y aceptarnos desde nuestra imperfección. No podemos querernos siendo perfectos; podemos querernos desde esto que somos... desde esto que estamos siendo, porque estamos en un proceso de aprendizaje y está bien.

Las relaciones destructivas son destructivas, y no hay nada más qué decir, sólo pagar la cuenta.

Lo que sí puedo hacer es salir lo más pronto de ahí, y cuidarme y amarme lo suficiente para no volver a repetir la historia.

¿Cómo detectar cuando una relación es destructiva o cuando las diferencias son parte de los acuerdos necesarios de una relación normal? La respuesta es muy sencilla: si te estás sintiendo victimado, si la relación no está avanzando o creciendo, si hay más juego sucio (mentiras, traiciones, engaños, etcétera) que limpio (negociaciones, capacidad de intimar); si son mayores los momentos que pasas sollozando que los que pasas disfrutando, probablemente estás dentro de una relación destructiva. Por eso te recomiendo que consultes el instrumento diseñado para medir qué tan sana es tu relación. Este instrumento se encuentra al final del libro y te va a ayudar a ver de una manera más realista qué tipo de relaciones tienes y en dónde te encuentras situado.

REFLEXIONES Y ANÁLISIS PARA LA SEMANA

1. ¿Alguna vez has aceptado que te equivocaste? ¿Qué sentimientos viviste? ¿Para qué te sirve reconocerlo?
2. Cada relación siempre nos deja una retroalimentación que nos ayuda a ser mejores en la vida y siempre nos deja una enseñanza. Piensa en dos enseñanzas significativas que te hayan dado tus relaciones. ¿Qué tan útil es actualmente ese aprendizaje para ti?
3. ¿Cuáles son los saldos más caros que has pagado por tus relaciones destructivas? Escríbelos.
4. ¿Te das cuenta cómo todos nuestros actos tienen una consecuencia? ¿Cómo a veces eso que creemos amor en realidad es una obsesión que nos deja sintiéndonos victimados?
5. Pregúntate si cobras saldos pasados en tus nuevas relaciones. Al terminar una relación piensa en los aspectos o situaciones que quedan pendientes y reflexiona en cómo puedes terminarlos; sé sincero contigo mismo.
6. ¿Puedes quererte con todos tus errores, con todo lo que no te ha salido como tú querías, con tu historia, aun a pesar de tus tropiezos en relaciones destructivas? ¿Puedes aprender a vivir la vida *no a pesar de esto* sino con *esta historia tuya*?

La vergüenza

Existe una variable dentro de las familias adictivas: secretos. Los secretos se convierten, dicho de alguna manera, en los hoyos negros del espacio: no se ven pero todo mundo sabe que ahí están y que "chupan" energía, además de que son capaces de tragarse astros. Igualmente los secretos jalan mucha energía al tratar de mantenerlos ocultos. Y ¿qué es en realidad lo que se oculta? Lo que causa vergüenza. Éste es, por cierto, el sentimiento más dañino que existe. Además, a final de cuentas, ni siquiera son secretos, ya que todo el mundo termina murmurándolos, pero generan un sentimiento disfuncional de vergüenza.

La vergüenza nos hace sentir menos, y como se sabe, es un sentimiento aun más dañino que la culpa, porque la culpa ataca al *hacer*, "yo hice algo malo, me equivoqué"; pero la vergüenza ataca al *ser*, "yo soy algo malo". La gran diferencia es que si se hace algo mal, se puede pedir perdón y enmendar el asunto, pero contra la vergüenza no hay remedio.

Con la vergüenza el mensaje es "yo soy algo malo", y si soy algo malo, pues "no merezco estar aquí". Ataca al *ser* de la persona y ese es el sentimiento que más se asocia a los suicidios; de hecho, en mi opinión ese sentimiento es el único que no debería existir. Cualquiera se puede equivocar, pero eso no significa que "seamos algo equivocado".

La vergüenza es una reacción del niño que vive en un ambiente de "no aceptación", de un niño que vive tratando de controlar el exterior para sentirse "a salvo", que vive tanto en lo externo, intentando ser aceptado, que tiene poco control de lo interno y vive "hipervigilante", buscando el consentimiento de los otros, y si no lo logra, se va en contra de sí mismo, es decir, no posee ese mecanismo que sólo puede ser interno, que le diga "¿y tú que piensas?".

Es cierto que en esta vida somos responsables de nuestros actos, pero la vergüenza no nos lleva a nada bueno.

Al respecto, Katia comenta su experiencia:

> Más que cualquier error que en algún momento haya cometido, lo que más trabajo me ha costado en la vida es perdonarme por no lograr la aceptación de mi madre. Me casé con un hombre inadecuado, con el que tuve hijos, y nadie más que yo está viviendo las consecuencias de esto. Yo, responsablemente, estoy sacando las cosas adelante sola, pero, repito, nada me ha costado más trabajo que perdonarme el hecho de no haberle dado gusto a mi mamá. No me gusta su mirada de desaprobación hacia mí y hacia mis hijos. Siento que no soy lo que esperaba, pero ahora en la recuperación estoy aprendiendo a vivir con eso.

Una opinión es sólo una opinión, no es la Biblia. Nadie merece que tú le des tanto poder. Nadie merece que tú le des el poder de hacerte sentir más o menos valioso. Tu valía no está en juego. Tus errores son tus aprendizajes. Ya has pagado la cuenta por ellos, eres responsable de tus actos, pero el hecho de buscar la aprobación de alguien más es una trampa mortal.

Diego era un muchacho de 17 años. Vivía con su mamá, que era madre soltera. Su padre era militar y estaba casado con otra mujer. Desde sus siete años, Diego veía pocas veces a su padre, y en esas pocas ocasiones acababa en el piso pateado por las botas de su padre, quien le decía que era un homosexual.

A sus 19 años, Diego consumía marihuana y alcohol y era la "vergüenza de su madre", que era una mujer depresiva que seguía viva de milagro.

Actualmente, Diego lleva seis años sin consumir, y dice que el mayor paso que dio para su recuperación fue el momento en el que dejó de darle poder a sus padres. Relata que él es un sobreviviente y que su estrategia consistió en restarle autoridad a la opinión y actos de sus padres. Su esencia no tenía nada qué ver con los errores de sus padres ni con propios. Ha comprendido que él es más que sus actos y que la incapacidad de amar de sus padres no le ha impedido tener capacidad de amarse a sí mismo. Diego ya no consume drogas y apoya a grupos de Neuróticos Anónimos; tiene un trabajo y se ha procurado una buena vida. Hace poco tiempo se enteró de que su padre se vio involucrado en un asunto de narcomenudeo y que tuvo que huir del país.

Nadie puede saber qué es lo que nos conviene, sólo nosotros mismos. Ese es nuestro trabajo: determinar lo que más nos conviene. Es muy común escuchar a personas que dicen: "Yo sé lo que tú necesitas", "yo sé lo que tú debes hacer", "esto es lo que tú deberías de estar cambiando ahora", etc. Es conveniente pedir ayuda, guía o dirección cuando se necesita, pero es responsabilidad propia clasificar y discernir la información, y luego decidir uno mismo lo que más nos conviene.

No permitas que las opiniones de los demás te empujen al hoyo negro de la vergüenza; sólo trabaja por hoy en lo que está en tus manos trabajar.

REFLEXIÓN Y ANÁLISIS PARA LA SEMANA

1. ¿Te has percatado de cómo la vergüenza controla la vida de una persona? ¿Cómo ha sido afectada tu vida por la vergüenza?
2. ¿De qué te has sentido avergonzado? Realiza una lista y luego al lado de ésta escribe qué fue lo que te impulsó a hacer lo que hiciste. Lo más importante es que escribas tus sentimientos.
3. ¿Qué puedes arreglar y qué puedes perdonarte? Escríbelo. Y si hay algo que no puedes perdonarte pide ayuda a un especialista, pero no te quedes toda la vida en el no merecimiento. Puede ser que te hayas equivocado, sí, pero ya perdónate y sana la herida que eso te provoca.
4. Trabaja contigo mismo(a) en detectar cuando alguien te quiere manipular a través de la vergüenza y la culpa.
5. Sólo por hoy evita que las opiniones de los demás te empujen al hoyo negro de la vergüenza y la culpa. Recuerda: cuando te estés sintiendo culpable voltea a tu alrededor y observa si alguien "está queriendo manipularte".

Amor al drama

El amor al drama nada tiene que ver con tomar alcohol o agua de jamaica.

El siguiente es el testimonio de Pedro:

> Tengo nueve años que no consumo cocaína y, sin embargo, no sé cómo le hago que sigo metiéndome en problemas, teniendo conductas riesgosas y metiéndome en relaciones que no me aportan nada de estabilidad.
>
> Y luego me pregunto, ¿por qué no llevo una vida normal? Me doy cuenta de mi necesidad de adrenalina. Cuando en mi vida no hay drama lo busco, y seguramente lo encuentro. Las pocas veces que puede haber estabilidad la tiro a la basura, no puedo valorarla, porque lo que le da sentido a mi vida es estar enganchado con los sentimientos, embarrándome con la gente y con las emociones, ya sea de mi pareja, de un hermano o de mi madre.

El drama tiene que formar parte del escenario; demuestra nuestra incapacidad para saber estar bien, nuestra incapacidad para divertirnos y para disfrutar. El drama nos ayuda a no contactarnos, esa es nuestra "ganancia secundaria". Tenemos mucha capacidad para hacer una telenovela de la vida, pero tenemos una incapacidad para dejar fluir la vida.

¡Nos da miedo! Da miedo el fluir de la vida; nos hace contactar con ese vacío que nos hace tocar el miedo a la existencia. El problema es que no nos hemos encargado lo suficiente de nuestra vida. No sabemos cómo enfrentarla, por eso la dramatizamos, y eso es lo que le da sentido. El drama, los pleitos y los chismes son sustitutos enfermos de la intimidad.

No necesitamos dramatizar nuestra vida, de hecho la vida ya tiene lo suyo. Podemos dejar que fluya, podemos dejar de temerle a la vida, tocar ese vacío, quedarnos ahí sin temor, confiando en que la vida fluye y que es sabia.

La vida no es una película, la vida es sólo una maestra, una buena maestra. Una maestra paciente, y no debemos de esperar que sea una madre sobreprotectora, y si ella no es así, armar un drama con una buena dosis de adrenalina.

Desapego es saber que yo no hago ni deshago la vida. Humildemente vine a ella a aprender... ¡ah, y a disfrutarla!

REFLEXIÓN Y ANÁLISIS PARA LA SEMANA

1. ¿Desde qué parte interna de ti crees que nazca esta necesidad de no permitirte vivir una vida feliz y tranquila? ¿Crees que no lo mereces? ¿Qué penitencia estás pagando? ¿Qué es eso tan malo que hiciste que tienes que pagarlo con culpas y una vida de infierno?
2. ¿Cuánto tiempo más te vas a castigar entrando en relaciones destructivas?
3. Tal vez te cueste perdonarte el no ser perfecto, pero decide parar esta autoagresión. Puede ser difícil saber cómo parar, pero el primer paso es decidir hacerlo ¿Quieres detener esta autoagresión? Haz una lista de todas tus cualidades y felicítate por eso.
4 ¿Has sentido que necesitas mucha adrenalina en tu vida? ¿Te aburren las relaciones estables? ¿Te das cuenta que prefieres vivir en una montaña rusa porque la paz te asusta? Déjame decirte algo: la factura se paga, y generalmente la paga tu salud emocional.
5. ¿Cómo quieres trabajar esta parte? ¿Que es lo que estás tratando de llenar con adrenalina? ¿Crees que puedas darle un sentido a tu vida sin necesidad de adrenalina? ¿Cómo?

SEMANA 11

Satisfacción conmigo mismo

Nada es más curativo que la aceptación.

La aceptación mueve montañas, desbarata nudos ciegos, posee una poderosa fuerza para unir las cosas, es constructiva y permite que todo fluya junto a un poder más grande y sabio que el nuestro.

La aceptación ignora al ego y sus intenciones personales, dejando así que actúen poderes más fuertes, como el de la vida.

El querer cambiar a la demás gente no funciona. Está comprobado. Y la aceptación no sólo incluye la aceptación a nosotros mismos, sino también a los demás.

Podemos empezar por aceptarnos a nosotros mismos como somos, con nuestros sentimientos y deseos, con nuestras circunstancias, y a los demás como son. Aceptar el estado de nuestras relaciones con los otros. Pero también los problemas, los regalos, nuestra economía, nuestro trabajo y nuestras capacidades.

La resistencia no nos va a llevar hacia adelante. La aceptación da lugar a lo positivo y le avisa a un poder superior que nos hemos sometido al plan. Que hemos aprendido la lección de hoy y que estamos listos para seguir, y dejarnos fluir en el proceso de aprendizaje de la vida.

59

Silvia fue educada por una madre incapacitada para demostrar su afecto. Silvia era diferente a su madre, quien constantemente la comparaba con sus hermanas. Así, pues, aprendió que tenía que ser perfecta para poderse querer a sí misma, por lo que, en el transcurso de su vida, cada que se equivocaba o cada que algo no le salía bien, ella se hería a sí misma.

Cuando Silvia tenía 39 años, unas amigas la hicieron quedar mal, entonces ella cayó en una fuerte depresión. Creía que nadie podía quererla tal como era, ni ella podía quererse porque sentía que no era perfecta y cometía errores.

Tuvo que empezar a perdonarse por no ser perfecta, para luego aceptarse. Dejó de compararse, comprendiendo que toda comparación era un autosabotaje, que era meterse zancadillas sola. Aprendió que eso era colocarse en el papel de víctima, que eso era lo que la hacía sentirse impotente; y ahí se quedaba, paralizada, deprimiéndose.

Aprendió a no exigirse ser quien no es, a no pedirse más de lo que sólo por hoy puede hacer; y comprendió que no necesita la aprobación de su mamá para quererse, comprendió que puede quererse, aun siendo imperfecta.

La aceptación implica querernos a nosotros mismos con nuestro lado oscuro, ese que quisiéramos esconder y que ni ante nosotros mismos a veces podemos aceptar.

Sí —decía Alexa—, tiendo a ser insegura, y quisiera ser perfecta, pero así soy yo, ésta es la que he alcanzado a ser por el día de hoy; he tenido que venir desde la historia que vengo para llegar aquí, hasta donde he logrado llegar, y esta soy, y está bien, así me quiero.

El *dejar ir* requiere de otros dones, casi siempre necesita ir acompañada de desapego, de humildad y gratitud. La aceptación no es mediocridad; la aceptación significa que puedo soltar las cosas de mis manos, en el conocimiento de que existen unas manos más sabias que van a saber actuar bien, significa dejar de rivalizar con un poder superior. Saber que cuando suelto quito a mi ego del camino para dejar que fluya la sabiduría de la vida y dejo de creer que yo sí sé cómo se deben de hacer las cosas. Puedo estar satisfecho conmigo mismo con la ayuda de la aceptación.

REFLEXIÓN Y ANÁLISIS PARA LA SEMANA

1. ¿Sólo puedes quererte si eres aceptado(a)? ¿Te sientes muy susceptible ante la desaprobación?
2. ¿Puedes intentar quererte con tus imperfecciones?
3. Anota en una hoja de papel tus defectos físicos y de carácter. Y después toma conciencia de que así eres tú y que está bien ser como eres. Quererte desde ahí. A ti es a quien le ha costado llegar y a quien le ha dolido llegar hasta ahí. Escribe al lado de cada defecto una frase de aceptación, pero ojo, no debe ser una justificación. Recuerda que no existe cambio sin aceptación.
4. Cada día, al amanecer, mírate en un espejo y realiza cualquier acto de amor propio y de aceptación hacia ti mismo(a).
5. Si has vivido cerca de personas "incapacitadas" emocionalmente, eso no tiene nada que ver contigo, tú sigues valiendo lo mismo. Sus incapacidades no son tu problema. Tu problema es si tú te tratas igual que como te trataron.
6. Durante esta semana trabaja en amarte desde ahí, desde quien eres hoy. Practica el lema de "Sólo por hoy". Funciona.
7. "A todo lo que me resisto persiste". La resistencia no ayuda al cambio, ojalá los ejercicios anteriores te hayan llevado a una verdadera aceptación, continúa practicándolos durante toda esta semana y observa cómo te sientes.

Dejar ir

El apego tiene el poder de hacernos perder la cordura.

Apego no se refiere al sentimiento normal de preocupación por los demás, que nos interesan sus problemas y que estamos conectados con alguien. Apego es involucrarse en exceso, de una manera muy rápida y de una forma muy rebuscada. Es una obsesión por la gente y sus problemas, intentando controlarlos y "ayudarlos", invirtiendo energía mental, física y emocional.

Dejamos de actuar y terminamos reaccionando con la gente o los eventos y nos convertimos en niñeras (rescatadores) de los demás. Estamos tan apegados, "tan externos", que perdemos la claridad y la cordura.

Desapego es la herramienta que se requiere para *dejar ir*; suelta, deja que todo fluya a su propio ritmo.

A veces, cuando las cosas no están claras y el camino no tiene señales luminosas, nuestra mente se confunde y no estamos seguros de cuál es el siguiente paso ni cuál es el camino correcto.

Es el momento para sentarte y esperar. Permítete sentir todas tus emociones, ya sea miedo, confusión o cualquier otra, y luego desapégate. Suelta y vendrá la claridad.

Tal vez en otras ocasiones el camino ha sido confuso, has meditado, has esperado y no ha llegado la claridad. Pero confía, a veces no comprendemos lo que está pasando con nuestra vida. Pero es el ego el que no comprende. Quítalo, no le des poder para que la claridad pueda aparecer, y la manera de hacerlo es a través del *dejar ir*. Porque cuando nos desapegamos, dejamos que fluya un propósito superior que no tiene que ver con nuestra voluntad, con nuestra necesidad de control ni con nuestro ego.

Pero ¿cómo saber cuando estamos haciendo lo suficiente?, ¿cuándo estamos esforzándonos demasiado por controlar a la gente?, ¿cuándo estamos haciendo muy poco?, ¿cuándo estamos haciendo lo que a nuestra responsabilidad le corresponde? Suelta y podrás ver más claramente que cuando estás en un momento de obsesión y ansiedad.

A veces da miedo *dejar ir*; tanto, que creemos descuidar las responsabilidades que tenemos. Otras veces quizá cruzamos la línea entre cuidar y terminamos controlando y sobreprotegiendo a los demás.

Dice Melody Beattie: "No hay un libro de reglas contra eso, pero no tenemos por qué volvernos locos, no tenemos por qué tener tanto miedo, no tenemos por qué recuperarnos perfectamente. Podemos hablar con la gente, hacer preguntas y cuestionarnos a nosotros mismos. Si hay algo que necesitamos hacer o aprender, esto se volverá visible. Las lecciones no se van".

Si no estamos cuidando lo suficiente de nosotros nos vamos a dar cuenta; si estamos siendo demasiado controladores, también nos vamos a dar cuenta. Las cosas se solucionarán, el camino se despejará, siempre que la herramienta sea el *dejar ir*.

Si ya has hecho más de "lo mismo", prueba el *dejar ir*. Es mágico.

REFLEXIÓN Y ANÁLISIS PARA LA SEMANA

1. ¿Qué es lo que más estás queriendo cambiar actualmente en tu vida que permanece en tu mente como una obsesión que no te deja en paz? ¿Pertenece a tu realidad? ¿O es algo que te cuesta aceptar de ti?

2. ¿Crees que puedas dejarlo ir de manera sencilla? Déjalo ir. Quita tus manos para que entren las manos de un poder superior que, créelo, tiene un mejor plan que el tuyo.

3. ¿Que te ayudaría para poder *dejar ir*? Entendiendo por *dejar ir* el soltar tu ego con toda tu voluntad. Significa dejar atrás miedos, desconfianzas, ideas erróneas y obsesivas. Pero, sobre todo, significa dejar atrás la actitud insistente que dice: sólo puedo ser feliz si las cosas salen de tal manera o si la vida responde como yo quiero.

4. ¿Aceptas que no eres todopoderoso, que hay cosas que escapan de tus manos, y que tu ego a veces no es el mejor consejero? Si no puedes aceptarlo, identifica qué es lo que te detiene y escríbelo.

5. ¿A qué te sigues aferrando? ¿Qué es lo que te da miedo soltar?

6. Te recuerdo que en esto del *dejar ir* no hay *medias tintas*. No puede haber recuperación sin un desapego completo, aunque siempre es un proceso.

Merecimiento

Empezar a recuperarnos significa saber que merecemos las cosas buenas de la vida, las relaciones sanas, la gente con buenas intenciones, una vida con paz, un trabajo bien remunerado, en fin, calidad de vida emocional.

El creer que merecemos tiene que surgir desde lo más profundo de nuestro ser.

Juan llegó a consulta. Provenía de una familia muy conservadora de 11 hermanos, de los cuales él era el séptimo. Habló de la relación con su madre, describiéndola como fría y de abandono, porque nunca lo abrazaba ni le decía que lo quería y, por lo mismo, él estaba necesitado de cariño. Mencionó sus esfuerzos por hacer cosas para los demás y también que no se sentía apreciado. Luego habló de su divorcio y de cómo trató a su ex mujer.

En realidad era claro que quien estaba hablando no era un hombre de 53 años, sino un niño de nueve. En psicoterapia hablamos de cómo él estuvo privado de amor desde niño y de cómo aprendió a seguirse privando de amor, como si no mereciera ser amado y buscó relacionarse con personas que lo abandonaban emocionalmente.

"Nunca es suficiente —decía—, nunca logramos lo que los demás esperan de nosotros."

¿Te suena familiar? En las familias disfuncionales el amor propio depende de la aceptación de los demás, como si no mereciéramos nada si no damos gusto; pero en ciertas familias no se da gusto nunca: son las famosas paradojas de que hagas lo que hagas, pierdes, hagas lo que hagas nunca es suficiente.

En realidad siempre merecemos, y las demás personas no deben tener poder para influir o determinar si es así o no. Ellos no tienen la llave ni son los dueños de nuestro estado de ánimo y de nuestro amor a nosotros mismos. La vida ya no es una montaña rusa que sube o baja según los demás lo desean.

Merecemos aceptación y amor, independientemente de que las cosas nos salgan bien o mal, de que demos gusto a los demás o no. ¡Seguimos teniendo el mismo valor!

Se nos educó para complacer a la gente. Quizá no se nos dio permiso para complacernos a nosotros mismos, para confiar en nosotros mismos y para realizar acciones que demuestren autoconfianza. Tomar en cuenta las necesidades de otras personas es parte importante de nuestras relaciones. Tenemos responsabilidades con amigos y familiares, pero la actitud complaciente siempre es contraproducente.

A final de cuentas, la gente con la que nos sentimos más a gusto es con aquélla que sabe complacerse a sí misma.

Cristina comentó en una ocasión: "Si de niña me hubiesen dado una pistola, de ser necesario yo hubiera matado con tal de lograr la aceptación de mi mamá. La niña que fui sentía que no merecía, sentía que nunca era bastante, jamás era suficientemente buena, obediente o capaz como a los demás les hubiese gustado".

Olga comentaba en consulta: "Nunca logré la aceptación de mi madre; me lo manifestaba con gestos, palabras y actitudes, y yo como una esponja lo absorbía; ahora yo me hago lo mismo que me hicieron, me trato como no me gustó que me trataran. Y, además, trato a los demás de la misma manera. Si hacen lo que yo quiero tienen mi aceptación, pero si no es así, los castigo con mi abandono emocional. Siempre siento esta sensación que me ha acompañado toda la vida, de que nunca es suficiente y que yo no merezco que me traten bien".

Deja de darles tanto poder a los demás, tú mereces amor y eres digno de ser amado así como eres.

> Tan sólo porque la gente no haya estado contigo, tan sólo porque ciertas personas no hayan sido capaces de demostrarte amor de formas que sí funcionaran, tan sólo porque las relaciones hayan fracasado o se hayan agriado, eso no significa que no seas digno de ser amado, tú eres digno de ser amado. ¡Sí, tú! Has tenido lecciones que aprender. Y a veces esas lecciones te han lastimado.
>
> MELODY BEATTIE

Pero no necesitas ser monedita de oro para darte amor y para saber que tú mereces lo mejor. Si lo que necesitas es cambiar tus creencias acerca de lo que mereces… ¡cámbialas!

Respecto a este tema, te comparto el diálogo que tuve con un paciente:

Jorge: No sé si terminar con mi mujer o seguir con ella.

Terapeuta: ¿Qué cualidades tiene?

Jorge: Bueno, es alguien que trabaja, es responsable, amable y no es alcohólica.

Terapeuta: Esas no son cualidades, son características de la gente normal. Tú mereces a alguien que no sea alcohólica, porque tú no lo eres. Y ¿cómo te sientes con ella?

Jorge: Ella me ha dicho que hasta ahora nunca ha estado enamorada de mí y que muchas cosas de mí no le gustan. No la veo contenta.

Terapeuta: Quiero que te preguntes: ¿Mereces vivir así?

REFLEXIÓN Y ANÁLISIS PARA LA SEMANA

1. ¿Crees que mereces las cosas buenas de la vida? No contestes con base en tus pensamientos, sino con base en tus actos. ¿Estos muestran que tú te estás buscando una buena vida?

2. ¿Cómo puedes dejar de darle tú poder a los demás? ¿Descubres que le has estado dando demasiado poder a alguien? ¿Le has entregado a alguien las llaves de tu autoestima? ¿Te responsabilizas menos de tu vida? ¿Si algo sale mal, culpas al otro? ¿Estás muy a gusto dentro de tu zona de "confort"? ¿Cuáles son tus ganancias que no te ayudan a moverte de ahí?

3. Cuando pequeño, ¿tenías qué hacer algo y trabajar muy duro para merecer el amor y la aprobación de los demás? ¿Tienes ganas de empezarte a querer tal como eres?

4. Pregúntate si actualmente en tu vida te abandonas emocionalmente, desde los alimentos, la diversión, el descanso, el chiqueo, etcétera. Date cuenta que esto tiene que ver con el no merecimiento

5. El chiquearte es un acto de amor propio, con la confianza de que te lo mereces. ¿De que maneras cuidas de ti mismo?

6. ¿Te incomoda que te halaguen? ¿Te cuesta trabajo celebrar tu cumpleaños? ¿Sientes vergüenza cuando te felicitan? Es necesario que te reconozcas a ti mismo(a) lo esencial y maravilloso(a) que eres, todo lo que puedes lograr: tus cualidades, tus virtudes y hasta tus defectos que te hacen crecer y ser mejor día a día. Te mereces un minuto al día de tu atención para pensar en ti mismo(a).

Sobrevivientes

Tu debilidad es tu recurso.

Durante muchos años me sentí diferente por venir de la familia que vengo. Veía a las demás niñas del colegio y pensaba que ellas sí tenían una familia normal. Internamente me sentía menos. Pero con la terapia aprendí a no quedarme en la queja, a sublimar mi dolor y a convertirlo en un recurso. Actualmente trabajo con familias que tienen dinámicas similares a la mía. Aprendí de ello y creo que soy alguien que puede entender mejor a estas familias.

RUTH

Podemos querer mucho a nuestra familia y preocuparnos por ellos. Y nuestros familiares pueden querernos y preocuparse por nosotros. Pero interactuar con algunos miembros de la familia puede disparar verdaderamente nuestra subidentidad y, a veces, lanzarnos a un profundo abismo de vergüenza, coraje, culpa e impotencia.

No es fácil desapegarse a nivel emocional de la familia y adueñarse de la propia vida. Cuesta trabajo, pero no es imposible.

A la semana de haber llegado a un grupo y contar mi historia familiar, una persona que llevaba ocho años en recuperación me dijo: "pues sí, eres una sobreviviente, seguramente tienes algo importante que hacer en este planeta". De momento no entendí, llegué con tanto dolor que no oía nada. Dos años después fui dada de alta. Al terminar mi psicoterapia con una colega que tiene 25 años de trabajo en el manicomio más grande de mi ciudad, me comentó: "tengo que decirte que cuando llegaste pensé que no era posible que no hubieras desarrollado una enfermedad psicológica severa, ya que gente que vivió lo que tú has vivido ahora está internada en el manicomio". Entonces entendí…. no soy víctima soy sobreviviente. Verdaderamente comprendí lo que significa ser una sobreviviente.

CRISTINA

Más allá de tus padres, existe una razón por la cual tú estás aquí. Una razón por la cual Cristina conservó la cordura. No te enganches en las carencias, no te quedes sintiéndote víctima, honra a la gente por lo que es, no sólo por lo que te da, y míralos a contraluz. Date cuenta de que esas personas aparecieron en tu vida para que tú pudieras ser un sobreviviente. De lo que aprendiste viene tu fuerza.

> Nadie escoge a su familia, nadie tiene a los papás que quisiera, pero esos papás son los que nos tocó tener y existe una razón para que así haya sido.

MATILDE

Después de validar tu dolor y sanarlo, puedes elegir entre aprender a vivir *con tu familia* o *a pesar de tu familia*. Puedes decidir que forma parte de las lecciones de la vida. Puedes decidir tomarlo como el medio o instrumento que se necesita para crecer. Aprende a vivir con ellos, no a pesar de ellos, para no traerlos cargando en la espalda, para que no se vuelva muy pesado tu andar.

No te quedes atrapado en el dolor debido a tus incapacidades emocionales y a las de los demás. Voltea hacia tus recursos y fortalécelos.

Tal vez lo más difícil que tuve que perdonar a mis padres fueron sus incapacidades o, mejor dicho, sus carencias, pero especialmente las carencias que no sanaron. Y mis padres tiene esas carencias porque sus padres también las tenían y tampoco las sanaron.

GABRIEL

Por eso no existe don más hermoso que el dar lo que no recibimos. Porque eso habla de haberse responsabilizado uno mismo y de haber sanado las carencias que vienen de lo que los padres no pudieron dar. Habla de honestidad, de claridad y de recursos.

Ahora, en la mediana edad, veo a mis hermanos con sus defectos y sus temores, y supongo que ellos también ven los míos. Y creo que no queda más que crecer con todo lo que hemos vivido y seguir adelante

CRISTINA

Si no es fácil, lo sabemos. El primer paso es la aceptación y estar consciente, el reconocer simplemente sin culpa nuestros sentimientos y pensamientos. No se trata de señalar a los demás ni de avergonzarnos de nosotros mismos.

La aceptación te da la libertad para elegir lo que quieres y necesitas hacer para cuidarte a ti mismo. Te puedes liberar de los patrones del pasado.

No se eligen las circunstancias que nos toca vivir, pero sí la actitud con que se enfrentan.

Existen algunas circunstancias que pueden paralizar el aprender a vivir con determinadas situaciones, como son: el control, la soberbia, el resentimiento, la manipulación y las ganas de querer seguir siendo el ganador.

La inteligencia emocional nos va a decir "elige, qué prefieres: ganar o ser feliz"; y esto va para todas las circunstancias de la vida.

Cuando más nos importa comprobar que tenemos la razón, cuando lo que más nos importa es ganar, es nuestro ego el que se sacia y el que en verdad gana la batalla.

Claudia, una compañera de grupo, decía: "Yo me he dado cuenta de que muchas veces, cuando discutía con mi marido, lo que yo quería comprobar era que yo tenía la razón, que yo estaba bien y él estaba mal. Ahora puedo ver que era mi necesidad de control, esas ganas eternas de estar queriendo cambiar gente, de decirles a los demás cómo tienen que ser. Es creerme el juez del universo y comprobar que tengo la razón. Pero perdí mi matrimonio. El precio que pagué fue el amor de mi esposo".

Dice Cristina: "Cuántos errores hemos cometido mis hermanos y yo. Me imagino como si fuéramos patitos, cada uno luchando después de la tormenta por salir y sobrevivir. Todavía me sucede que cuando viene una embestida aniquiladora, corro a buscar un salvavidas y a los demás patitos".

Y esto aplica para todas las circunstancias de la vida.

Supongo que esta es la historia de muchas personas que provienen de familias que han sufrido. Sus heridas tardan mucho en sanar. Pero la época de perdonar llegará si se elige el camino correcto. Pero, por favor, *No perdones demasiado pronto*, como nos dicen los hermanos Linn con el mismo título de su libro. Al igual que ellos, pienso que el proceso del perdón tarda mucho, y que el tiempo por sí solo no cierra las heridas, por lo que es importante hacer tu trabajo personal para aprender a vivir con la familia y no a pesar de ella. Aprende a vivir "con", no "a pesar de".

El impulso siempre lo tendrás, pero aprende a desapegarte y a seguir con tu vida, y cuando te pidan ayuda, estar ahí desde tu fuerza y desde tus recursos. Pero no es necesario que te detengas. Cruza al otro lado del puente. No voltees hacia atrás....

REFLEXIÓN Y ANÁLISIS PARA LA SEMANA

1. Es verdad, sólo se necesita un poco de interacción con la familia para que se disparen una serie de sentimientos. ¿Con cuál sentimiento es con el que tú más te enganchas? ¿Y qué te sucede?
   - Culpa
   - Vergüenza
   - Rabia
   - Impotencia
   - Tristeza
2. ¿Qué crees que te puede ayudar a desapegarte de estos sentimientos? Es difícil pero no imposible. ¿Cómo te ayuda esta lectura?
3. Es muy importante que tengas claro que se necesita tiempo y mucho trabajo personal para lograr aprender a vivir con la realidad de tu familia de origen (papás, hermanos, etc.) cualquiera que ésta sea; la aceptación te sanará. Aceptar que no tenemos la relación familiar que quisiéramos es difícil. ¿Cuál es la parte que ves más difícil por lograr en este objetivo? ¿Qué crees que puede ayudarte a lograrlo?
4. Existen familias con muy pocos recursos emocionales y es difícil sobrevivir en ellas. ¿Cuáles recursos crees que te pueden ayudar a lograrlo?
5. ¿Qué es más importante para ti, ganar o ser feliz? ¿Cómo manejas las diferencias desde el control? ¿Cómo negocias?
6. ¿Has aprendido a vivir "a pesar de" o "con" el que eres, con tu historia, etcétera?

Sentimientos

Cuando entré a este proceso personal, yo veía las cosas en blanco cuando me salían como yo esperaba y en negro cuando no lograba ser monedita de oro, y esto me hacía deprimirme más. Pero con mi recuperación empecé a perder el miedo a sentir y todo se comenzó a descongelar.

ÁNGEL

Las máscaras comienzan a desaparecer y nos podemos dar cuenta de que es cierto lo que dicen en los grupos de Doce Pasos de Alcohólicos Anónimos: las personas con subidentidad son pura fachada, pura imagen, y esta carátula de cartón se empieza a descongelar al igual que los sentimientos.

Nos podemos dar cuenta de que los sentimientos no son buenos ni son malos, simplemente son. Existen.

¿Quién dice que es inadecuado llorar o estar triste en una fiesta? ¿Quién dice cuáles son los sentimientos buenos y malos?

Existen dos sentimientos que socialmente no se permite aceptar: la tristeza y el enojo. Pero, paradójicamente, estos sentimientos tienen el poder de sanar los dolores más profundos, cuando nos permitimos sentirlos.

Igual que con todos los sentimientos, siempre existe el otro lado de la moneda. El problema está en irnos a los extremos.

Cuando hablamos del enojo encontramos que es uno de los sentimientos más creativos, del cual sacamos la fuerza y el instinto protector para poner límites y para defendernos. Se ha encontrado que personas que sufren una pérdida no pueden sanarla porque no se permitieron vivir su enojo, por lo que traen cargando toda su vida el peso de este duelo. Créelo, no eres malo al sentir enojo, aunque sí eres responsable si usas ese enojo para agredir.

Entonces, ¿qué haces con tu enojo? ¿Lo validas ante ti mismo, es decir, te permites sentirlo y sanarlo? ¿Cómo? Algunas recomendaciones para sacar el enojo son:

1. Hablarlo con gente de confianza
2. En psicoterapia
3. Hacer ejercicio
4. Escribirlo y después puedes romper el papel y quemarlo
6. Golpear cojines
7. Ir a un grupo de apoyo

Lo mismo pasa con la tristeza, cuando lloramos estamos sanando lo más profundo de nuestro ser y ese es un regalo valiosísimo para nosotros mismos.

Cuando descongelamos nuestros sentimientos, todo deja de ser blanco y negro y se comienzan a reconocer diferentes tonalidades de grises. Así, también dejamos de sentir tristeza y miedo, para empezar a conocer sentimientos que nunca nos habíamos permitido vivir, como comprensión, afecto, misericordia y otros tantos que nos van mostrando lo que es la vida y que nos dan la fuerza para vivirla. Llega un momento en que nos podemos dar cuenta de que nosotros no hemos vivido la vida, sino que la hemos sobrevivido.

Quizá cuando nos encontremos a gente en nuestra misma situación podremos descubrir que es tramposo estar dentro de una relación congelando los sentimientos, porque entonces comenzamos a usar a la gente. No se vale haberse ido de la relación sin avisarle a la otra persona.

Necesitamos darnos espacio a nosotros mismos y dárselo a los demás para trabajar con los sentimientos.

Somos seres humanos no robots, lo que quiere decir que una parte importante de nuestras vida está conectada con nuestras emociones. Tal vez tengamos sentimientos que a veces sean muy difíciles, sobre los que necesitemos trabajar, pero al afrontarlos crecemos y crecen los demás.

Es inhumano esperar de nosotros mismos y de los demás que no necesitemos tiempo y espacio para trabajar sobre nuestros sentimientos; esto sólo nos llevaría al fracaso.

Así es el crecimiento. Y así está bien.

Mientras trabajemos con nuestros sentimientos no necesitamos gastar energía innecesariamente, reaccionando a cada emoción que tenemos o tienen los demás. No hay por qué tomar tan en serio nuestros sentimientos ni los de los demás. Los sentimientos son para sentirse y esa es su función, al irlos sintiendo van desapareciendo.

Deja que los sentimientos fluyan, eso es parte del camino para sanar.

REFLEXIÓN Y ANÁLISIS PARA LA SEMANA

1. ¿Crees que cuando congelas tus sentimientos estás utilizando a los demás? ¿Congelas los sentimientos por la incapacidad y el miedo a sentir? ¿Qué te llevó a hacerlo? Por lo general, cuando usamos al otro terminamos también convirtiéndonos en objetos sin sentimientos.

2. ¿Te das cuenta de que los sentimientos están ahí, queno desaparecen y que solamente los dejaste de vivir? No funciona congelar los sentimientos, lo único que hay detrás de congelarlos es miedo.

3. ¿Se te ocurre alguna manera para trabajar con tu miedo a sentir? Todos alguna vez hemos tenido miedo después de que alguien nos hirió, date permiso de cuidar tu corazón, pero no te quedes congelando los sentimientos.

4. ¿Te gustaría vivir sin congelar sentimientos? ¿Tienes alguna idea de cómo empezar? Deja que tus sentimientos fluyan, ese es el camino para sanar.

SEMANA 16

Negación

Hasta que el alumno está listo aparece el maestro.

ROBERT FISHER

Todos las pérdidas, cualquier cambio, como un divorcio, una muerte, una mudanza, la pérdida del trabajo, de la mascota, un cambio de ambiente, de amigos, etc., es un duelo. Y ya seas mujer u hombre, niño o anciano, mexicano o norteamericano, todos pasamos por las siguientes cinco etapas para sanar tu duelo:

- Negación
- Coraje
- Negociación
- Tristeza
- Aceptación

La vida es una buena maestra, las lecciones serán aprendidas en su debido momento, y no hay nada que podamos hacer desde nuestra voluntad, por lo que sólo queda aprender la lección que hoy toca. Todo llega en su momento, y cuando estemos listos la lección se nos presentará en pantalla grande, ya sea en un libro, una película, una frase, en el comentario de algún amigo, etcétera.

Melody Beattie platica que si en su momento le hubieran quitado esa "cobija de la negación", lo más seguro es que hubiera muerto a la intemperie.

A veces la realidad es así de insostenible. Recuerdo cuando llevé a mis alumnos a una clínica particular de adictos y ano-réxicas. El terapeuta de la clínica le dijo a los adictos algo que no olvidaré jamás: "ustedes han necesitado drogarse y fugarse porque no pueden ni con un pedazo de la realidad. Ese peque-ño pedazo duele tanto, que se necesitan kilos de droga para poder negarla".

En ese momento el círculo de adictos empezó a hablar acer-ca de esta gran verdad y pude escuchar historias de vida llenas de dolor, en las que su "salvavidas" había sido la negación.

En una ocasión escuché a una madre en duelo, que en un accidente perdió a su esposo y a su hijo; ella me contaba que los primeros dos años de duelo la única verdad que pudo acep-tar fue la muerte de su marido. Habían pasado cuatro años del accidente cuando apenas empezaba a lidiar con la segunda y más dolorosa muerte, la de su hijo más pequeño. Y me dijo: "Si el primer año yo hubiera tenido que afrontar las dos muertes, hoy no estaría viva".

Cuando estamos en duelo, la negación tiene el poder de do-sificarnos la realidad cuando ésta es insostenible.

Pero es verdad que a veces es la única cobija que tenemos para cubrirnos. No menosprecies a la negación, porque puede ser tu muleta para sobrevivir en tiempos difíciles. Hónrala por lo que vale, pero después ponte a trabajar con ella, porque la otra cara de la moneda de la negación es su poder destructivo.

La negación puede hacer que nos atoremos durante años en la historia que inventemos en nuestra mente, y no dejarnos aprender la lección que tarde o temprano nos toca recibir.

Nunca subestimes la capacidad que tienes para nublar tu visión y para no ver que es lo que pasa.

Es cierto que la negación puede ayudarnos a llevar una rea-lidad insostenible, pero también puede ser un arma para ma-nipular a los demás, para que los demás hagan lo que tú no te has atrevido a hacer.

También es cierto que es una de las etapas necesarias del duelo, pero también lo es la que puede lanzarnos a vivir un mundo irreal, y esto termina por enloquecer a la mente. No se están cambiando las circunstancias, sólo se está pretendiendo simular que son diferentes, pero la realidad siempre se te revelará para mostrarte la lección cada vez con mayor fuerza.

No seas demasiado duro contigo mismo, vete preparando para encontrar el valor de encarar la verdad. Tu momento llegará y tú puedes soportarlo y superarlo.

Podemos tener capas de sentimientos que no estamos listos para reconocer hasta que llevemos mucho tiempo en nuestra recuperación personal. Eso está bien, cuando llegue el momento adecuado se sanarán.

> La negación ha sido mi salvavidas y mi muleta y, a veces, casi mi ruina. Ha sido una amiga y una terrible enemiga.
>
> AMAYA

La desventaja de la negación es que se pierde el contacto con uno mismo y tendemos a volvernos partícipes de nuestro propio abuso. Nos hace capaces de tolerar el dolor y el abuso sin tener la más remota idea de que eso es anormal.

La negación puede pasar de ser la cobija que nos protege de la intemperie a convertirse en esa gruesa manta que cubre pero asfixia, volviéndonos fríos a nuestros propios sentimientos y necesidades y, lo que es peor, a nosotros mismos.

Cuando los demás están en un estado de negación, no soy nadie para rasgar su manta, de hecho podría ser peligroso. Quién soy yo para saber lo que siente la otra persona.

Pero lo que no tenemos que alentar es la negación del otro; podemos ser directos, y si es perjudicial para nosotros podemos elegir no estar cerca de ellos. Puedo desearles lo mejor y seguir en el proceso de cuidado de mí mismo.

REFLEXIÓN Y ANÁLISIS PARA LA SEMANA

1. ¿Existe actualmente algo que te cueste mucho aceptar?
2. ¿Te gusta tu manera actual de afrontar las cosas?
3. ¿Cuáles son tus recursos para enfrentar la negación? ¿Hay alguna parte que no te gusta de tu manejo de la negación? ¿Qué le cambiarías o qué le pondrías a tu manejo de esta etapa?
4. ¿Plantéate objetivos a lograr a corto plazo con respecto a tu manejo de esta etapa de negación?

Coraje

Una aportación valiosa que los adultos les podemos hacer a los niños es ayudarlos a identificar y que expresen su enojo sin sentir culpa. Se vale decir *no*, se vale decir que estoy enojado sin sentirme culpable.

A veces, para lograr aceptar una pérdida o un cambio, llegamos a culpar a los demás, a Dios o a nosotros mismos, y esto es parte del camino a la aceptación.

El coraje es uno de los sentimientos menos aceptados socialmente, sin embargo, puedes encontrar tu fuerza en la etapa de ira.

¿Has vivido un duelo alguna vez? Entonces podrás entender que en la primera etapa de negación no existe fuerza alguna, pero en cuanto logras contactar tu coraje, viene la fuerza necesaria para salir adelante.

Tienes tres opciones para manejar tu sentimiento de coraje. La primera opción es **dejarlo dentro**, pero seguramente se irá en contra de ti y se convertirá en culpa. La culpa es una autoagresión y es el ingrediente número uno de la depresión. Entonces, guardar el coraje es el camino directo para llegar a la depresión; contrario a lo que piensas y te han enseñado, guardar los sentimientos no funciona, necesitan ser manejados porque no desaparecen solos.

La segunda opción es **sacar el coraje**, y existen dos caminos para hacerlo: agrediendo a quien te dañó o desquitándote con alguna otra persona, pero finalmente ambos son agresión, y es bien sabido que violencia genera violencia, y tampoco funciona.

El tercer camino es el más difícil de todos y consiste en *validar tu ira o coraje.* ¿Quién es quien se está sintiendo así? Tú, ¿verdad? Pues, entonces, tú responsabilízate por sanar, es tu sentimiento. Nadie más lo va a ser por ti, tenlo por seguro. Esto no quiere decir que si hay algo qué hablar con la persona con la que tienes el conflicto, no lo vayas a hacer. Si se necesita negociar, vas a negociar; si se necesita poner límites, vas a poner límites, pero la responsabilidad de sanar el sentimiento es solamente tuya.

Definitivamente no puede existir ninguna negociación desde el coraje. Recuerda, el sentimiento es tuyo, tú lo sanas, te responsabilizas de él, y luego pondrás los límites que hagan falta y harás las negociaciones que correspondan.

Tú eres quien se está sintiendo mal. Una recomendación para validar el coraje es recordar cómo has logrado en el pasado manejar sanamente ese sentimiento; toma una hoja de papel y anota tres maneras, ya sea haciendo deporte, escribiendo en tu diario, pintando, bordando, caminando, haciendo yoga, meditando, orando, etc.; date un tiempo para la sanación, ésta no vendrá sola, tienes que trabajar en ella, tan fuertemente como tus ganas de sentirte bien. La psicoterapia es muy recomendable, ya que está diseñada para ayudarte a lidiar con tus sentimientos, puedes rayar en un papel, romperlo, quemarlo; siempre hay caminos para lograr la sanación.

Está bien sentirse enojado, ¿quién dice que es malo? Haz caso omiso a lo que te dijeron de niño; validar tu coraje es parte del cuidado de ti mismo.

Tú puedes aprender a lidiar con la vida de tal manera que beneficie tus relaciones en lugar de perjudicarlas. Recuerda, si no sentimos hoy nuestros sentimientos de enojo, necesitaremos enfrentarlos mañana.

Cuando son las demás personas las que están atravesando por una etapa de enojo, puedes respetarlos y escucharlos. Y están en su derecho de hacerlo. Pero siempre cuidando tus límites y teniendo muy claro que una cosa es validar y respetar el sentimiento del otro, y otra muy diferente es permitir que te agredan.

Una cosa es validar los sentimientos y otra "revolcarte en los vidrios". No te atores en la emoción, ponte un límite interno, y cuando sea el momento, muévete de ahí, tal vez ya estés cerca de la siguiente etapa.

REFLEXIÓN Y ANÁLISIS PARA LA SEMANA

1. ¿De qué manera manejas tu coraje? ¿Tiendes a negarlo o a desquitarte y explotar? ¿Te han funcionado estas maneras?
2. ¿En qué momento enfrentas tu sentimiento de coraje? ¿Crees que sentir el coraje es bueno o malo? ¿Has pensado para qué te puede servir? ¿Haces consciente tu coraje cuando lo experimentas? ¿Lo validas?
3. Cuando experimentas el sentimiento de coraje, ¿te das el tiempo para saber qué es lo que realmente lo provoca? Ya sabes que existen tres maneras para el manejo de la ira. ¿Quieres practicar "el validar el sentimiento"?
4. Elige una o dos maneras para manejar y sacar tu coraje adecuadamente, ya sea escribiendo, hablando, corriendo, haciendo ejercicio, meditando, etcétera.

Negociación

La relación simplemente no estaba funcionando, pero yo anhelaba de tal manera que sí funcionara, que seguía pensando que si tan sólo tratara de ser una persona más amorosa, más amable, él me amaría; me voltee al revés tratando de lograrlo, siendo que como era estaba bien. Sencillamente no podía aceptar la realidad, hasta que salí adelante.

KARLA

La etapa de negociación es difícil porque una parte de nosotros cree que todavía podemos hacer algo por cambiar, y la otra parte se da cuenta de que ya no podemos hacer nada para cambiar la dolorosa realidad.

Podemos levantar la cara llena de esperanza una y otra vez, tan sólo para volver a dejarla caer.

Cuántas veces hemos volteado al revés el mundo para tratar de negociar con la realidad; hemos hecho las cosas más absurdas, regateado las cuestiones menos negociables y hemos cedido en lo que no se debería permitir.

Esta etapa del duelo también es dolorosa, al igual que las dos anteriores, pero tiene su lección que nos encamina a los dones del desapego y la aceptación y nos da recursos para ser buenos negociadores.

Aceptar la realidad no tiene sustituto. Esa es la meta, pero en el camino podemos intentar hacer un trato o reconocer que se está regateando, y entenderlo como una parte de proceso del duelo que ayuda a no generar sentimientos de impotencia ante la vida.

Es parte del proceso de desarrollo del ser humano; nadie atraviesa un duelo sin la etapa del regateo. Sé que duele empezar un día y aceptar que ya no hay opción, para que al día siguiente vuelva a haber esperanzas. Todo esto sucede, pero es parte del proceso, vívelo así; no es la verdad absoluta lo que estás sintiendo hoy.

Los terapeutas recomendamos que durante el periodo de duelo se tenga claro que no se está viendo la realidad tal cual como es. "Imagina —les decimos— que es como si tuvieras una nube encima de tu cabeza que no te deja ver el cielo tal cual es, pero créelo, pasará". Sin embargo, el tiempo solo no cura nada, tienes que permitirte vivir el proceso.

Es importante llorar lo que se tenga que llorar, enojarse por lo que se tenga que enojar y regatear lo que se tenga que regatear. Es parte del proceso de sanación.

REFLEXIÓN Y ANÁLISIS PARA LA SEMANA

1. ¿Qué o entre qué estás negociando para no sentir tu duelo? Ejemplo: Terminé con mi novio pero podemos seguir siendo amigos. La verdad, a veces no se puede negociar ni rescatar el seguir siendo amigos y es necesario aceptar la realidad.
2. ¿Cuáles son tus recursos para manejar la negociación?
3. ¿Hay alguna parte que no te gusta de tu manejo de la negociación? ¿No es realista?
4. Reflexionando sobre la lectura de esta semana, ¿te haces consciente del tipo de negociaciones que realizas con tus relaciones en proceso de duelo?

Tristeza

Como ya hemos mencionado anteriormente, existe una gran diferencia entre depresión y tristeza. La depresión es una auto-agresión y está cargada de culpa, y la tristeza es parte de la vida, es un estado de ánimo normal y sanador, aunque en ocasiones pueda no ser cómodo ni agradable y sí doloroso. Es posible vivir la tristeza con paz, sin embargo, en la depresión no hay paz. Es natural estar triste como parte de un duelo, como parte del proceso necesario para aceptar una pérdida.

¿Te has permitido alguna vez llorar? ¿Qué tantas veces ese llanto ha sido de tristeza? ¿Qué sucedió después de que lloraste? ¿Sentiste paz? En el proceso del duelo es necesario llorar la pérdida, y la sanación requiere tiempos diferentes para cada persona; lo que sí está dicho y es claro es que hay que atravesar estas etapas viviéndolas sin negación hasta llegar a aceptarlas.

Las pérdidas y las bienvenidas son algo que todos los seres humanos vivimos continuamente y pueden ayudarnos a madurar y a crecer.

En la etapa de tristeza, a diferencia de las anteriores, ya no hay la esperanza de que puedan funcionar las cosas, ni el coraje hacia Dios, a la vida o a los demás, porque no dio resultado; ya no se negocia, y ya sólo se tiene ese sentimiento de tristeza que se vive en el pecho y que lo mejor que podemos hacer es llorarlo. Éste es el único y el mejor camino para sanar.

Atravesar un duelo, cuando se está trabajando en él, es trabajo duro que no tiene recompensa, es una época de movimientos, es una época de lucha por aprender mientras se atraviesa el proceso de pérdida.

Es una época para enfocarse en *dejar ir* viejas actitudes y creencias, época para el autoconocimiento. Podemos sentirnos con miedo o confundidos durante este proceso; nuestras antiguas conductas o patrones pueden no habernos funcionado.

Durante este proceso podemos sentirnos abandonados, necesitados, muy vulnerables; probablemente sintamos que somos los únicos que estamos pasando por algo así.

Permítete atravesar tu duelo como puedas, a veces es tan grande el dolor que lo cruzamos a rastras, a veces caminando y con la posibilidad para poder pedir ayuda a gente con capacidad de dar. El proceso es sólo tuyo, trátate con ternura mientras lo atraviesas, sólo hay una cosa que no se vale: que te vayas en contra de ti; no eres perfecto, eso ya lo sabemos, pero no por eso te vas a atacar.

En estas épocas ayuda el querer creer —y esto es una elección personal—, que no estamos solos, que este es un proceso necesario para poder *dejar ir*; estar conscientes de que otros que ya han viajado por este camino lo han podido superar.

La aceptación nos cura; podemos confiar en este proceso aunque no lo comprendamos. Estamos justo donde necesitamos estar. Estamos pasando exactamente por lo que necesitamos vivir. A veces hay que desarrollar el don de la paciencia, del saber estar en medio del proceso.

REFLEXIÓN Y ANÁLISIS PARA LA SEMANA

1. ¿Actualmente sientes tristeza por algo?
2. ¿Conoces cómo manejas ahora la tristeza y cómo lo hacías anteriormente?

3. ¿Te gusta tu manera de afrontar la tristeza? ¿Cómo es esa manera? ¿Hay alguna parte que no te gusta de tu manejo de la tristeza?
¿Qué le cambiarías o le pondrías a tu manejo de la tristeza?

4. ¿Para qué crees que te puede servir aprender más sobre tu manejo
de la tristeza?

Aceptación

En el proceso del duelo, la meta es la aceptación.

La lucha para lograr la aceptación no es lograr que las cosas sean como nosotros queremos. El objetivo es la aceptación. La aceptación de nosotros mismos, de nuestro pasado, de otras personas y de nuestra realidad actual. La aceptación brinda paz, curación, libertad y puede enseñar el amoroso cuidado de uno mismo.

La aceptación no es un proceso que se logra con el primer paso; antes de lograr la aceptación pasamos por todas las etapas antes mencionadas de los procesos de pérdida. Este proceso puede ser frustrante, puede confundirnos y puede que los demás no nos entiendan.

Así es un proceso de pena. Muchas veces leí que Melody Beattie escribía que la aceptación va acompañada de la gratitud, y yo no entendía por qué, hasta ahora. Entiendo que la aceptación sin gratitud es resignación. Y que la resignación tiene un matiz de impotencia y, por lo tanto, puede llevarnos a la depresión.

La gratitud nos ayuda a dejar que llegue lo bueno, a dejar de controlar los resultados.

La gratitud es la llave que abre la energía positiva a nuestra vida. Es la alquimia que convierte los problemas en bendiciones y en regalos lo inesperado.

MELODY BEATTIE

La gratitud es una elección. Yo antes pensaba que si alguien me daba un regalo, con dar las gracias ya era agradecida. Ahora comprendo que la gratitud es una actitud que se tiene de antemano, aun antes de que se reciba el regalo, y que si no tenemos este don, no vamos a poder recibir ni apreciar los regalos que se nos entreguen.

La gratitud no tiene que ver con que me den algo o no me lo den; la gratitud es la manera como elegimos ver lo que nos sucede en la vida. Nosotros podemos elegir ver lo que nos sucede pensando que "todo me sale mal" o podemos elegir ver transcurrir el día y lo que sucede como señales y mensajes para aprender alguna lección.

Podemos creer que hay una intención y un orden superiores y que la vida no está en contra nuestra. Podemos elegir tomar las cosas como un aprendizaje, y el don de la aceptación ayuda. Y si después de esto somos capaces de decir "gracias por el aprendizaje", estamos del otro lado.

La vida nos pone señales en todos lados, y si no las entendemos nos va a mandar la lección en pantalla más grande, hasta que la comprendamos; pero dicen que los regalos sólo se dan una vez en la vida, y si no tenemos el don de la gratitud, no vamos a saber reconocerlos.

A veces un regalo es una película, un libro, una plática, una terapia, etc., porque contienen un enorme mensaje.

Si en algún momento te sientes atorado, desgraciado o desesperanzado, prueba la gratitud y la aceptación.

Si has tratado sin resultados de cambiar tus circunstancias actuales y es como si pegaras tu cabeza contra la pared, prueba la gratitud y la aceptación.

Si te sientes haciendo más de lo mismo y todo pareciera hundirse, prueba la gratitud y la aceptación.

Si sientes que estás en el fondo, prueba la gratitud y la aceptación.

Si has probado todo y nada funciona, prueba la gratitud y la aceptación.

Cuando falle todo lo demás, regresa a lo básico. La gratitud y la aceptación funcionan.

MELODY BEATTIE

La aceptación es el camino directo y sin escalas hacia la paz, y está contrapunteada con el ego. Los ingredientes de la aceptación son: el desapego, la confianza y la fe. El desapego consiste en saber soltar, en dejar de controlar y quitar las manos para dejar que unas manos más sabias actúen sobre mi vida. Y, a veces, cuando hemos soltado y permitido que las cosas sucedan como tienen que suceder y después de un tiempo, podemos voltear hacia atrás y ver que todo resultó mejor de como lo habíamos planeado. Nos damos cuenta de que el desapego ayuda.

Con confianza y fe podemos empezar a confiar en nuestros instintos, sentimientos y pensamientos. Sabremos cuándo detenernos, cuándo aguardar y cuándo continuar.

Por eso digo que la gratitud es una elección y es una manera de enfrentar la vida, y acompañada de la aceptación se convierte en una opción mágica.

REFLEXIÓN Y ANÁLISIS PARA LA SEMANA

1. ¿Puedes ver la diferencia que existe entre resignación y aceptación? ¿Para qué te sirve ver la diferencia?
2. ¿Alguna vez has practicado el *dejar ir*? ¿Cómo te sentiste? Practícalo esta semana y anota tus sentimientos.
3. ¿Cómo crees que pueda ayudar en tu vida el practicar la aceptación y la gratitud? ¿Crees que la aceptación y la gratitud puedan darle un mejor sentido a tu vida?
4. ¿Cómo puedes practicar esta semana la aceptación? ¿Cuáles son tus recursos?
5. Plantéate un objetivo a corto plazo con respecto a la aceptación.

Obsesión

Cuando ya llevaba tiempo en el camino de mi crecimiento personal, un día me dijo una amiga terapeuta que cómo le hacía para lidiar con esa parte tan obsesiva que tenemos los codependientes, y yo le contesté: "Es que yo no soy obsesiva". Mi amiga guardó silencio y me miró con gran cariño y compasión.

Llevaba tantos años en psicoterapia y asistiendo a grupos y aún no me había dado cuenta de qué tan obsesiva era. No me percataba de que en las mañanas podía amanecer con una idea fija y no soltarla hasta lograrla.

SANDRA

La obsesión puede llevarnos a una vida ingobernable y confundir nuestro sano juicio.

La obsesión es un pensamiento reiterativo. Lo grave es que después de pensarlo lo convertimos en compulsión, y toda compulsión antes fue una obsesión. La compulsión, ya en sí misma, es una adicción y en este nivel es muy difícil pararla.

La única manera de detener la compulsión es trabajando con la obsesión. Así como el alcohólico tiene problemas con el alcohol, el codependiente y quien padece subidentidad lo tiene con sus emociones. Así como el alcohólico se embriaga con el alcohol, el codependiente lo hace con las emociones.

Su primera copa es la preocupación y la segunda es la obsesión. Si no te detienes en la segunda copa, vas a pasar a la tercera, que es la compulsión, y después la cuarta y a la quinta, y seguramente amanecerás al día siguiente con una gran resaca.

Lissette tiene tres niños pequeños. En una reunión, un estudiante de medicina comentó que desde que apareció el SIDA había resurgido la tuberculosis. Terminó la reunión y ella fue a su casa.

En la noche le comentó muy preocupada a su marido lo que había escuchado en la reunión y por horas le habló de su inquietud sobre el tema. Ella no durmió. Al día siguiente, en cuanto amaneció, llamó a su hermana y amigas para comentarles su preocupación. En la noche volvió a comentar el tema con su marido y se pusieron de acuerdo en buscar la vacuna, la cual ya no se usa actualmente en nuestro país. Siguió sin dormir. Ella investigó que sólo salud pública tenía la vacuna, pero ella no recibía servicios de salud pública, sino privada. Y así continuó una larga historia que comenzó con una preocupación, pasando a un nivel de obsesión que la llevó a realizar una serie de actos, como asistir a diferentes centros de salud y visitar a muchos pediatras, los cuales coincidieron en afirmar que no era necesario que vacunara a sus hijos. Lissette terminó por hacer cosas que estaban fuera de su alcance, sin poder dar cabida a algo que no fuera lograr su objetivo.

No estamos diciendo que no esté bien cuidar nuestra salud y la de nuestra familia, pero cuando pasamos de la preocupación a la obsesión sin ninguna posibilidad de poner límites internos a nuestra mente, estamos en problemas.

El desapego, el *dejar ir* es el antídoto para la obsesión.

El *dejar ir* no se manifiesta de manera natural, pero una vez que nos damos cuenta de este principio, comprendemos cuán importante es el desapego.

La primera vez que practiqué el desapego fue cuando solté a mi marido alcohólico. Había estado bebiendo desde hacía diez años que me casé. Durante todo ese tiempo estuve negando su alcoholismo y estuve obsesionada tratando de que dejara de beber.

PATRICIA

La obsesión nos puede llevar a hacer cosas no pensadas e indignantes; cosas que lastiman a nuestros seres queridos y a nosotros mismos.

Personalmente he tenido que trabajar con mi obsesión y soltar a gente enferma, soltar situaciones que estaban fuera de mi control y soltar mi necesidad de querer que todo sea a mi manera. El soltar es un regalo.

JUANA

Cuando dejamos en libertad a otra persona, cuando dejamos que las cosas sucedan cuando tienen que suceder, y cuando dejamos de controlar todo, los primeros que nos liberamos somos nosotros mismos.

Sólo por hoy, donde quiera que te sea posible, suelta tus pensamientos con amor; y si este pensamiento es recurrente, confía en que todo caerá por su propio peso. No es desde la aflicción o desde la obsesión desde donde se logran las cosas.

REFLEXIÓN Y ANÁLISIS PARA LA SEMANA

1. Escribe un ejemplo en donde hayas pasado por las "cinco copas de borrachera codependiente". Es decir, escribe primero qué te preocupó (primera copa), luego cómo viviste la obsesión (segunda copa), y así sucesivamente.
2. ¿Observas que tienes algunas actitudes obsesivas?
3. ¿Qué aprendes acerca de la obsesión y de su poder?

4. Menciona dos herramientas emocionales que creas que te pueden ser útiles para lidiar con la obsesión.

5. ¿Cuál es el mejor momento para parar la obsesión? ¿Qué tan fuerte es en ti? ¿Puedes ubicarlo? ¿Para qué te sirve darte cuenta de esto?

Límites

Tengo una amiga a quien he tenido que dejar de ver porque su hija de cuatro años se ha convertido en su propio verdugo. No hay instrucción que entienda y no tiene límites en su vida. Es una niña a la que se le cumplen todos sus caprichos, pasando por encima de su padre y sus hermanos. Con tal de que no llore la dejan hacer lo que ella quiera.

Es una niña que no conoce un *no* como respuesta y, por lo tanto, no conoce la tolerancia a la frustración.

ANA

¿Cuántas veces no nos hemos topado en un restaurante o en una tienda de autoservicio con un niño así? ¿Y cuántas veces no nos hemos preguntado por qué los papás no les ponen límites? Y la única respuesta es: por culpa.

La amiga de Ana tiene una enorme culpa porque cuando ya no ha aguantado más ha explotado en contra de su hija, y esto se convierte en un círculo vicioso.

Los límites son vitales para todo ser humano. Poner límites es importante para el manejo de los sentimientos y las relaciones, para la autoestima y para aprender a querernos y valorarnos.

El límite surge desde lo profundo de nuestro ser, tiene relación con el aminoramiento de nuestros sentimientos de vergüenza o de culpa y con el saber que somos merecedores. A medida que cambio y siento que soy merecedora, mis límites van mejorando.

Se da algo increíble cuando alcanzamos el momento en que estamos listos para fijar un límite. Sabemos que hablamos en serio, sentimos esa seguridad y esa fuerza y los demás también nos toman en serio. Y no porque estemos controlando a los otros, sino porque nosotros perdimos el miedo y sabemos más lo que merecemos y nos atrevemos a pedirlo. Y, entonces, cambiamos nuestras circunstancias.

Existen límites internos y externos. Los límites internos son para nosotros mismos, protegen nuestros pensamientos, sentimientos y conductas, y los mantienen funcionales. Nos ayudan a asumir la responsabilidad de nuestros pensamientos, sentimientos y conductas, y dejamos de culpar a los demás por lo que sentimos, pensamos y hacemos. El límite interno ayuda también a no culparnos por los pensamientos y acciones de los otros y, por lo tanto, también dejamos de controlar a los que nos rodean.

Pia Mellody visualiza al límite externo como una capa que la cubre y que tiene una superficie que la protege, que se expande y se contrae mientras ella controla la distancia o el contacto con los otros.

Mientras que al límite interno lo visualiza como un chaleco antibalas, con pequeñas puertas que sólo se abren hacia el interior, es decir, que la misma persona decide qué del exterior entra y qué se queda fuera.

Decía Astrid: llevo tres años de separada, y los tres años me la he pasado revolcándome en los vidrios, ¿qué no llevo ya mucho tiempo validando mis sentimientos? —preguntó.

La respuesta es muy clara: una cosa es validar los sentimientos y otra es quedarse atorado en la emoción. Los límites internos sirven para poner un alto y decidir cuánto tiempo más necesito llorar.

¿Cuándo estoy pasando de validar el sentimiento a quedarme atorada en la emoción? Para que los duelos no duren toda la vida, el dolor no tiene que ser eterno, hay que saber parar pero sin negar, saber ser autoconscientes y tener disciplina, saber poner plazos, todo esto gracias a la ayuda de los límites internos.

Los límites externos tienen que ver con nuestra relación hacia los demás y lo que está aprobado o no por la sociedad. Nos permiten escoger la distancia respecto de otras personas y autorizarles o negarles esta distancia. Impide que la gente entre en nuestro espacio y abuse de nosotros, pero también nos impide a nosotros entrar en el espacio de otras personas y abusar de ellas, y nos proporciona una manera de materializar nuestro sentido de identidad. Tiene que ver con lo que estamos dispuestos a dar dentro de nuestras relaciones con el otro, hasta dónde queremos llegar y qué grado de intimidad o de cercanía deseamos.

Yo creo que el primer paso para poner límites está relacionado con ese contacto íntimo y amoroso con nosotros mismos; de ahí es de donde va a salir la fuerza. ¿Por qué algunos padres no pueden poner límites? ¿Tú crees que no se dan cuenta de que necesitan hacerlo?

Claro que se dan cuenta, saben que tienen que poner un límite, pero no pueden porque les hace falta esa fuerza interna de amor propio y les hace falta trabajar y sanar la culpa. A la vez creen que tienen que cubrir su cuota como padres y lo que hay de fondo es una culpa que estos padres sienten por los errores cometidos, por las veces que se han equivocado; pero el camino no es la ausencia de límites, el camino, como lo decía anteriormente, es contactar conmigo mismo, sentir mi culpa, aceptar la responsabilidad, pedir disculpas y… seguir poniendo límites.

El segundo paso en el camino para poner límites tiene que ver con el merecimiento. Porque los límites son un regalo a la autoestima, ya que nos enseñan a pararnos en el merecimiento, en nuestra fuerza y amor propio.

A los niños se les enseña a comprobar diariamente que son valiosos y que merecen respeto; gracias a los límites.

Cuando nos adueñamos de nuestro poder para cuidar de nosotros mismos, podemos tener una reacción de molestia por parte de algunas personas. Eso no se puede cambiar. No tenemos que dejar que sus reacciones nos controlen, nos influyan o nos detengan en nuestra decisión de cuidar de nosotros mismos.

No tenemos por qué controlar sus reacciones ante nuestro proceso de autocuidado. Esa no es nuestra responsabilidad, y tampoco debo esperar que ellos no reaccionen.

La gente va a reaccionar cuando hagamos las cosas de distinto modo o digamos *no*, principalmente si nuestra decisión afecta a los demás. Déjalos que sientan lo que necesitan sentir. Pero sigue tu camino de todos modos.

A veces los demás están acostumbrados a que hagamos ciertas cosas, intentarán convencernos de seguir siendo así para evitar que el sistema cambie. Si la gente está acostumbrada a que digamos *sí* todo el tiempo, puede incomodarse el día que digamos *no*. Si la gente está acostumbrada a que nos responsabilicemos de sus sentimientos y problemas, podrá reaccionar con molestia cuando dejemos de hacerlo. Esto es normal.

Podemos aprender a vivir con un poco de reacciones adversas. No con maltrato. Cuando la gente está acostumbrada a controlarnos a través del enojo y la culpa, pueden aumentar sus esfuerzos para someternos cuando estamos en nuestro proceso de aprender a poner límites y cuando estamos cambiando. Eso no está en nuestras manos, es responsabilidad de la otra persona.

Parte de aprender a poner límites consiste en no dejar que las reacciones adversas nos hagan volver a viejas conductas si hemos comprendido que queremos cambiar. No tenemos por qué engancharnos con las reacciones de enojo ni prestarles atención. No la merecen. Se acabará esa necesidad de control. Con el tiempo irá muriendo poco a poco.

Ante la incapacidad para poner límites, podemos haber levantado muros en lugar de límites, y estos muros pueden ser de miedo, rabia y silencio. El mensaje que se transmite es: "si te acercas a mí o dices algo acerca de esto o aquello, ten cuidado".

Estos muros pueden ofrecer una protección completa, pero el gran problema es que atacan la cercanía y la intimidad. La diferencia entre los muros y los límites es que éstos últimos permiten el movimiento de ida y vuelta y, por lo tanto, la cercanía.

Cada que nos ha ganado la necesidad de complacer, de buscar que la gente opine bien de nosotros, no ha funcionado. Y además hemos pagado un precio muy alto por no poner límites. Precios que nos han costado años de nuestra vida. Hemos permitido que la gente llegue a situaciones a las que no debería de haber llegado, que haga cosas que no debería de haber hecho y que diga cosas que no debería de haber dicho nunca.

Cuando no ponemos nuestros límites nos estamos quitando valor. Nos estamos exponiendo. Dejamos de ayudar a un poder superior y al universo en su tarea de cuidar de nosotros mismos.

REFLEXIÓN Y ANÁLISIS PARA LA SEMANA

1. ¿Te has descubierto en una situación donde urgía que pusieras un límite y no lo hiciste? ¿Qué fue lo que te pasó? ¿Qué te impidió ponerlo?
2. ¿Te sientes culpable cuando pones un límite? ¿Con toda la gente o sólo con tus seres queridos?
3. ¿Ante quién eres más manejable? ¿Te sientes culpable ante esta persona por algo? Haz consciente tu sentimiento, eso te ayudará a poner límites con esta persona, si es necesario.
4. Practica el poner límites internos y externos en esta semana. Ya sabes, tu fuerza viene desde tu interior, valida tu necesidad y desde ahí quédate en el límite; no lo muevas.
5. ¿Cómo crees que pueden ayudar los límites a tu autoestima?

SEMANA 23

Adicción al romance

Silvia llegó devastada a terapia, después de haber terminado la relación con su novio. Durante un año lo siguió en su carro con la intención de encontrárselo "casualmente", y hasta llegó a robarle su celular para checar con quién estaba saliendo.

Un día, el ex novio salía de un antro y en plena calle la maltrató, diciéndole que lo tenía harto. Pero Silvia continúo su actitud obsesiva, hasta que finalmente él cambió de trabajo y se fue a vivir lejos. Entonces ella se sintió perdida y se deprimió aún más.

¿Es que Silvia estaba loca? Ella es bonita e inteligente, pero llegó a realizar conductas que nunca se hubiera permitido. Ella dice que sólo desea una relación comprometida con alguien.

¿Cuál es la diferencia entre un codependiente y un adicto al romance?

El codependiente ya focalizó como su suministro de placer la emoción y la adrenalina que se siente en una etapa de romance y necesita de estas emociones como combustible o fuerza para enfrentar su vida.

El adicto al romance ya pasó de la adicción *madre,* que es la codependencia, para engancharse en una segunda adicción, que es la adicción al romance. Como es progresiva, si no se

109

detiene a tiempo se pueden adquirir otras adicciones, ya sea a la comida, compras, etc.; esto principalmente en el caso de las mujeres. En el caso de los hombres pueden caer en la adicción al alcohol, drogas o sexo.

El codependiente es alguien controlador que entrega las llaves de su autoestima, es obsesivo, es rescatador, es dependiente, etc. Y un adicto al romance es todo esto y más, ya que busca constantemente tener el amor y tener una pareja a la cual ha idealizado y, sobre todo, necesita de la adrenalina y la exaltación del ego que le da el romance.

Existen dos tipos de adictos al romance. Los primeros son los que rompen y reinician relaciones que no duran más de tres o seis meses (que es lo que estadísticamente puede durar una etapa de enamoramiento). Este tipo de personas no pueden quedarse más tiempo en una relación, y se caracterizan porque todavía no terminan una relación cuando ya empezaron otra, es decir, nunca se quedan solos. Es gente que no se compromete. Esta adicción puede ser resultado de la fantasía, el infantilismo y las carencias afectivas de la infancia. Buscan la seducción, la conquista, pero luego se cansan. Son inmaduros.

El segundo tipo de adictos al romance son los que se aferran a los efectos reforzantes de su relación (te odio pero no puedo dejarte). Muchas parejas como éstas se mantienen unidas por muchas otras razones que no son el amor. Estas parejas cumplen aquel dicho popular de "no puedo vivir contigo ni sin ti".

Ambos adictos al romance viven tentados por el romanticismo, la aventura, la pasión, los pleitos y las reconciliaciones.

Socialmente esta adicción es muy aceptada. Tenemos el caso de don Juan, que para muchos hombres y mujeres es un ídolo.

La música y muchos otros elementos sociales refuerzan esta adicción.

Comienza a confundirse al amor con obsesión y ésta puede estar dirigida a una sola persona, a una serie de hombres o mujeres o a la búsqueda de una pareja (en caso de no tenerla).

Pueden sentirse atraídas hacia personas inadecuadas para intentar formar una pareja "sana", por ejemplo, elegirán (porque se trata de una elección) a seres incapaces de comprometerse afectivamente. Personas que por algún motivo son emocionalmente inaccesibles. Los codependientes interpretarán todos estos rasgos como señales de que ese sujeto está necesitado e intentarán ayudarlo, rescatarlo, curarlo o cambiarlo con el poder de su amor.

En esto radica el punto de partida y la posterior dinámica de la relación.

La dinámica de este tipo de relaciones contiene dramatismo y a veces un alto voltaje de erotismo y sexualidad, ya que en muchos casos la seducción y la sexualidad son los factores puestos en juego.

En cuanto al aspecto sexual, se centrarán esfuerzos por complacer principalmente en esta área. La persona supone que mediante la sexualidad salvará, curará o cambiará a la persona con la que ha establecido una relación adictiva.

Es importante aclarar que puede haber "buena sexualidad" en malas relaciones.

Tal vez todos estos intentos por retener y/o cambiar al otro se vinculan con el manejo y el control. Por esta razón, la respuesta que suelen obtener es de maltrato, de depresión o un mayor abandono emocional (seguir juntos pero distantes). Y a lo que esto lleva es a reforzar sus intentos dando más "amor", fortaleciéndose así el círculo vicioso.

Si alguno de los integrantes de la pareja trata de distanciarse o de terminar, se produce el *síndrome de abstinencia* (igual que en cualquier adicto a quien se le suspende la droga), que no es más que un estado físico y mental de profundo dolor, sensación de vacío, insomnio, llanto, angustia, autoreproche y miedo.

Lo importante para salir de una situación así es el trabajo honesto con uno mismo. No siempre será necesaria la separación de la pareja, pero necesitan redirigir las energías hacia su recuperación de una manera fuerte y comprometida.

REFLEXIÓN Y ANÁLISIS PARA LA SEMANA

1 ¿Siendo honesto(a), has descubierto que tienes una historia amorosa donde ha existido más de una relación destructiva?

2. ¿Tiendes a elegir gente que no te puede amar, ya sea porque no está disponible o porque están incapacitados emocionalmente?

3. ¿Has descubierto que la gente "sana" y sin problemas no te atrae? ¿Qué cosa puede permitirte que te descubras?

4. ¿Te has descubierto creando discusiones o dificultades para disfrutar los buenos momentos con tu pareja?

5. ¿Es el área sexual demasiado importante y a veces la única manera para reconciliarte con tu pareja?

6. ¿Has pensado muchas veces en terminar con tu pareja pero no puedes aunque lo deseas y sabes que es lo mejor para ti?

7. ¿Has vivido el síndrome de abstinencia por terminar con tu pareja?

8. ¿Crees que te ayude el detectar las características de una relación destructiva para no caer en una de ellas? ¿Cómo?

9. Si ya estás en una relación destructiva lo más importante es que pierdas el miedo a estar solo(a). ¿Cómo? Amándote a ti mismo(a), contactando tu vacío sin salir corriendo a querer llenarlo con falsos dioses. Hazte una vida y una relación contigo y recupérate a ti mismo(a).

Sin miedo a la soledad

El cuidado a uno mismo tiene que ver con el contacto con uno mismo.

> Creo que de las mejores enseñanzas que he tenido en todo este proceso personal, una de las que más me ha ayudado, es la de contactar conmigo mismo, darme un tiempo diario para reflexionar acerca de cómo estoy yo.
>
> A veces lo puedo hacer después de leer un libro de autoayuda, después de meditar, después de escribir en mi diario, antes de ir a algún grupo de ayuda, a veces después de todo lo anterior o sin todo lo anterior. Pero para mí ha sido fundamental en mi proceso el darme ese tiempo conmigo mismo y saber cómo estoy, a veces lo escribo y a veces sólo lo siento en silencio, sin influencias de nadie.
>
> MARCO

No es fácil adquirir la disciplina de dedicarse tiempo a uno mismo para conocerse, primero porque la verdadera adicción del que padece subidentidad es estar fuera, fugado, pegado con el exterior y con poca introspección; se distrae con todo, piensa que lo que hace no es para él. Pero llega un momento en su vida en que no le queda otra opción más que contactarse poco a poco.

Entendamos aquello que dicen que el codependiente prefiere una relación disfuncional y su maltrato ¡al grado que sea!, en lugar de estar solo o consigo mismo. ¿Por qué tanto temor a estar consigo mismo? ¿Es falta de amor? Tenlo por seguro; si tú no te amas, nadie te va a dar ese amor que tú no te das. Deja ese sueño infantil, porque en el fondo denota una falta de responsabilidad contigo mismo. Ámate tú, nadie tiene por qué hacer lo que tú no haces por ti mismo.

Pero cuando por fin te das la oportunidad, vas perdiéndole el miedo a estar solo y comienzas a disfrutarlo, créeme. ¡Date la oportunidad! ¡Necesitas este tiempo contigo mismo! Sobre todo antes de entrar en otra relación o de regresar a la misma y vivir los mismos problemas. Date tiempo para ti, para saber qué quieres, quién eres.

Al principio, cuando quieres hacer contacto contigo mismo, tu mente se llena de sugerencias y de pendientes para hacer ¡en ese preciso momento!, por lo que se requiere de disciplina. Ponte un alto y piensa: "esto es un autosabotaje, en este momento lo más importante que tengo que hacer es esto que estoy haciendo y la salud emocional y la ecuanimidad que necesito a la hora de reaccionar y de interpretar el exterior va a depender de esta paz, esta claridad y esta fuerza emocional que no me va a venir del exterior sino de mi interior, y la manera para tocar mi interior es ésta, abriéndome ante mí mismo; no hay nada más importante por hacer ahora".

Al empezar a estar con nosotros mismos, primero todo se vuelve importante, pero no te sabotees, luego tal vez sientas un vacío, aburrimiento e incertidumbre por no saber qué sigue, pero continúa concentrándote en no engancharte con el exterior; puedes escribir acerca de cómo estás o, sin escribirlo, platícalo contigo mismo; ve a terapia, practica la meditación o yoga, haz oración, repite mantras o ve a un grupo de Doce Pasos de Alcohólicos Anónimos o a grupos de autoayuda, etc.; utiliza alguna herramienta que te sirva en esto. Después irás perdiendo el temor a estar solo; luego empezarás a disfrutar un poco la soledad, sí, empezarás a querer hacer actividades solo, pero si continúas ya

no lo verás como abandono sino que le encontrarás una parte
muy agradable; tal vez te des cuenta de que estás bien contigo
mismo, que empiezas a sentirte mejor, a tener mejores reacciones
y poco a poco, con el tiempo, empezarás a ver los resultados.

El temor a la soledad viene del miedo al abandono porque
tal vez de niños se nos abandonó. También da miedo estar solos
porque es cuando nos encontramos con nosotros mismos y entonces nos topamos con esos sentimientos de los que queríamos
fugarnos, pero fugarse no funciona, es mejor irlos sanando.

Yo siento que es como con un huracán. Cuando vas entrando en él se siente su fuerza desgarradora, pero en el centro se encuentra una gran paz. Cuando empieces a contactarte vas a percibir todos los sentimientos negados, pero luego vendrá la paz.

Esta tendencia de irnos al exterior buscando apaciguar
los sentimientos va a seguir por mucho tiempo, es obsesiva y
compulsiva; el aprendizaje es necesario y el contacto interno
funciona.

La soledad no es abandono más que cuando no me tengo
a mí mismo. Y cuando no me tengo yo soy entonces quien me
abandono, y eso lo soluciono contactándome, escuchándo-
me como me gustaría que lo hiciera alguien más.

Sí, existen niños abandonados pero de adulto tú eres el único
que puedes abandonarte; puedes pedir ayuda, hoy en día cada vez
existen más recursos emocionales. Si estás deprimido date cuenta
de que te estás abandonando y busca ayuda inmediatamente.

Aprender caminos saludables para enfrentar el vacío, el dolor y el temor es parte de la respuesta para terminar con este
patrón de conducta que nos aleja de la paz y la armonía. No
suena fácil y no lo es, pero te garantizo que la ganancia es mayor al esfuerzo, porque a medida que se avanza aprendemos
a poner nuestra seguridad dentro de nosotros mismos, tejien-
do relaciones de verdadera intimidad y compromiso, porque
cuando puedes intimar contigo y conocerte, es mucho más fácil hacerlo con los demás.

REFLEXIÓN Y ANÁLISIS PARA LA SEMANA

1. ¿Le tienes miedo a la soledad? ¿Cómo te has dado cuenta?
2. ¿Qué te dices acerca de ti mismo(a) y de quién eres cuando estás solo(a)?
3. ¿Te vas al abandono? ¿Tienes los mismos sentimientos cuando estás solo(a) que en los momentos en que has tenido una pérdida de un ser querido?
4. ¿Te descubres teniendo la idea infantil de que alguien va a llenar tu vacío con su amor? ¿Para qué te sirve esta lectura? ¿De qué te das cuenta?
5. ¿Qué te ha sucedido las veces que has intentado estar solo(a) y contactarte? ¿Lo lograste? Si no lo lograste, ¿por qué razón? ¿Te gustó?
6. ¿Existe en ti alguna relación entre la soledad y el miedo al abandono?
7. ¿Te gustaría intentar estar en contacto contigo mismo? Recuerda que puedes estar contigo mismo(a) sin sentirte víctima y sin conmiserarte por esto. No eres diferente a ningún ser humano, todos nacimos solos y solos vamos a morir. Aprende a estar en paz contigo mismo(a).
8. ¿Para qué te sirve el "chiquearte" y cuidarte a ti mismo(a) cuando estas solo(a)?

Quererme aunque todo esté saliendo mal

En una ocasión escuché a mi mamá y a mi hermana hablando mal de mí. Me sentí muy mal. Ellas decían que yo debería de ayudar más para la cena de Navidad porque, según ellas, yo no hacía lo suficiente. Me dieron ganas de llorar. Lo primero que pensé fue: si eso piensa mi familia de mí, ¿qué no pensará la demás gente?... y así me seguí con pensamientos destructivos hacia mí misma... ¿Será que su cariño por mí no es tan fuerte? ¿Por qué hago mal las cosas? ¿Por qué me equivoco? Tal vez con mis equivocaciones provoco su enojo y el que ya no me quieran tanto...

¿Por qué son así? ¿Por qué no me lo dicen en mi cara?... y fui sintiéndome la víctima, la pobrecita.

Afortunadamente, me di cuenta de que mis pensamientos eran depresivos y que me estaba autoagrediendo, por lo que busqué cambiar mi actitud.

CRISTINA

¿Por qué le damos tanto poder a la opinión de los demás? Este es nuestro problema, no el de ellos. Su opinión es sólo una opinión, no es la Biblia. La gente puede decir lo que piensa y quiera, y yo puedo elegir no tomarlo como una orden. Igualmente con las necesidades de los demás, que sólo son eso, una necesidad, no es un mandato de coronel ni un ataque a mi persona.

Las demás personas son libres de opinar y nosotros somos libres de escucharlos sin salir corriendo para tirarnos de tapete a complacerlos o tirarnos a un sillón a deprimirnos. Podemos simplemente escucharlos, aprender de eso y desechar lo que no nos sirve para tomar luego nuestras decisiones.

Las siguientes Navidades no hice lo que ellas esperaban y pagué el precio, que consistía en que no estuvieran de acuerdo y hablaran mal de mí (por más que platicara con ellas yo no las podía cambiar). Y me sentí bien.

A los dos o tres años, una Navidad tuve más tiempo y elegí tomarme esas casi dos semanas anteriores para ayudar. No les di gusto de todos modos y yo lo sabía (hay algunas familias en las que "hagas lo que hagas, siempre pierdes"), pero fue una elección mía y no lo hice por complacer, me quedé muy tranquila y aprendí mucho.

Descubrí que no debía buscar la aprobación de los demás para poder quererme yo.

Esta lección de la fiesta de Navidad me enseñó que yo puedo equivocarme o no ser perfecta. A veces no hago lo que quisieran que hiciera, a veces no soy como quisieran que fuera, pero tengo claro que eso no me resta valor.

CRISTINA

Podemos y querernos aunque no todo esté saliendo bien, podemos amarnos a nosotros y a nuestra propia vida, podemos dejar de tener miedo, podemos consentirnos. Podemos aceptar a nuestro maravilloso *yo*, con todas nuestras faltas, aciertos, puntos débiles, sentimientos y todo lo demás. Es lo que somos y no es un error. Nosotros somos lo más grande y la mejor oportunidad que alguna vez nos pudo suceder.

Mi vida había sido una reacción a las vidas, problemas, deseos, éxitos, fracasos y personalidades de los demás. Hasta mi amor propio había sido una reacción. Era como un títere con las cuerdas colgando, permitiendo y provocando que las jalara quien fuera, menos yo. Me doy cuenta que internamente creía que así tendría menos dolor, pero no fue cierto. Fue mucho peor. Ahora sé que en realidad no me quería.

HUMBERTO

No mereces una vida de segunda clase. Somos adecuados, somos suficientemente buenos. Creo que mucha de nuestra ansiedad y nuestro miedo nace de decirnos constantemente que somos malos, que la demás gente no nos quiere por eso, que no somos suficientemente capaces. Precisamente el objetivo de este libro es decirte lo contrario. Nadie es perfecto, está bien ser quien eres; ten una actitud de aprendizaje y humildad y haz las cosas lo mejor posible. Podemos tener sentimientos, pensamientos, miedos, vulnerabilidades al ir por la vida, todos los tenemos. Deja de decirte a ti mismo que eres diferente por sentir y hacer lo que todo el mundo hace y siente.

Necesitas ser bueno y compasivo contigo mismo. Necesitas cuidar tus sentimientos, que es lo más sagrado que tienes.

Cada vez que mi madre tenía problemas, me decía que yo era la culpable de todo; yo siempre me sentí la mala y ella me lo confirmaba. Llegué a pensar que yo causaba todo lo desagradable que sucedía. No sólo en mi casa, sino también lo que pasaba en la escuela. A veces me descubría preguntándome si yo no lo había causado indirectamente, aunque ¡sabía que no era así; lo sabía cuando era más pequeña, pero después lo fui dudando cada vez más y más! Yo pensaba que era un error; ahora me doy cuenta de que no sentía que mereciera más que lo malo, por eso me casé con un hombre abusivo, y eso creo que lo aprendí en mi casa.

CRISTINA

Todo está bien. Repítete a ti mismo que todo está bien. Trabaja en ello.

Y sé el que puedas ser en el proceso, y eso también está bien.

REFLEXIÓN Y ANÁLISIS PARA LA SEMANA

1. ¿Descubres que tienes pensamientos en los que te autoagredes? ¿Cuáles son? ¿Qué es lo que te dices? Escríbelo, es mejor.
2. ¿Te descubres teniendo pensamientos de generalización? Por ejemplo: si la familia piensa eso de mí, qué no pensarán los demás. ¿Qué descubres acerca de las generalizaciones? ¿Has tenido pensamientos de víctima? ¿Cómo te haces daño con estos pensamientos?
3. Mucho del miedo y de la ansiedad viene de no sentirnos suficientemente buenos ni adecuados. ¿Has llegado a sentirte así? ¿Piensas que hacerlos conscientes te ayuda a superarlos?
4. ¿Cómo se te ocurre que puedes ser bueno y compasivo contigo mismo?

SEMANA 26

Aprender el amor propio

¿Tengo que ser monedita de oro para permitirme quererme un poco?

Parece ser que hemos aprendido a querernos sólo si le damos gusto a los demás. Si no, nos herimos a nosotros mismos con nuestros pensamientos. Aunque no nos demos cuenta, esto no es poca cosa. A la larga se paga un precio muy caro por esto. Y, generalmente, el precio son las depresiones.

Pero ¿quién es alguien con alta autoestima? ¿Qué hace? ¿Cómo traduce lo que le pasa en el mundo?

Yo creo que una persona que tiene una autoestima sana es alguien que ha logrado separar su amor propio de cualquier tipo de pensamientos, sentimientos y actos.

Pensamientos
No por lo que piensen los demás sobre nosotros vamos a agredirnos. La gente tiene sus motivos internos y externos para pensar lo que desee y nosotros podemos elegir no herir nuestra autoestima por ello.

Sentimientos
Nadie es monedita de oro para caerle bien a todos y no es sano pagar un precio tan alto intentando serlo. El ponerse de tape-

te para lograr la aceptación no ayuda a la autoestima, pero el aceptar de una manera madura que no tenemos por qué buscar complacer a todo mundo y el vernos con humildad desde nuestra humanidad e imperfección ayuda mucho.

Tal vez el problema radique en buscar la aprobación en el exterior, ya que el amor propio sólo puede originarse en el interior. El poner nuestra autoestima en el exterior es como si pusiéramos a un bebé en una tabla en un mar violento a expensas de todo y sin protección alguna. Así como se protege a un bebé, así debemos proteger nuestro amor propio.

Nuestra autoestima es intocable, ni tú mismo te permitas tocarla en un momento difícil. Acéptate, date ese amor que viene de un amor más generoso y más incondicional, que no nos pide ser perfectos para amarnos y del cual podemos aprender. Si no tuviste de niño un modelo sano de amor, puedes buscar otro modelo de amor más incondicional. Y elegir sentirte amado de esa manera.

Actos o sucesos

¿Por qué no nos podemos equivocar? ¿En dónde firmamos que siempre seríamos perfectos? ¿Por qué herirnos tanto cuando no somos perfectos?

Equivocarse es parte de la naturaleza del ser humano, porque esa es la manera que tiene para aprender. Está bien equivocarse. No estoy diciendo que está bien lastimar a los demás. Estoy diciendo que no tienes que ser perfecto. O mejor dicho, no tienes por qué apuñalarte si cometes un error; estos son parte de la vida. Y precisamente la autoestima consiste en querernos separando pensamientos, sentimientos y sucesos de nuestro amor a nosotros mismos.

Una vez me dijo una paciente: "Yo crecí y me casé, y el matrimonio no resultó ser lo que yo creía; no me comportaba con mis hijos como yo hubiera querido y no me gustaba a mí misma; no tenía la vida que yo hubiera querido. La vida me está rebasando y yo no sé qué hacer... me siento mal por esto... nada ha salido como yo esperaba".

A veces las expectativas incumplidas son lo que más duele. Quien no tiene expectativas no sufre tanto. Las expectativas vienen del ego, del deseo de perfección. El pedirnos ser mejores no es el problema, el problema es querer ser perfectos, porque nunca podremos lograrlo. Es autoderrotista. Nos estamos metiendo zancadillas nosotros solos.

No nos estamos amando cuando tendemos a mantenernos tan ocupados que no podemos disfrutar de la vida, cuando nos sentimos víctimas, cuando nos negamos a disfrutar de las cosas que hacemos bien, por nuestro perfeccionismo y nuestra desidia; cuando nos llenamos de *deberías,* de culpa y miedo, cuando nos comparamos con los demás, cuando comemos en exceso, cuando descuidamos nuestras necesidades, cuando nos obsesionamos, cuando nos quedamos rondando en los eventos dolorosos, cuando huimos de las buenas relaciones, cuando nos quedamos dentro de relaciones destructivas o cuando evitamos a la gente que nos conviene.

REFLEXIÓN Y ANÁLISIS PARA LA SEMANA

1. ¿Quién es alguien con alta autoestima para ti?
2. Con lo leído, reflexiona si separas tus pensamientos, sentimientos y actos de tu autoestima. ¿Cómo traduces lo que te pasa? Si no sabes separar tu amor propio, piensa cómo puedes empezar a hacerlo.
3. ¿Te puedes visualizar? ¿Te gusta este(a) nuevo(a) tú; te sientes más cómodo(a) así?
4. ¿Cómo puedes recoger las llaves de tu autoestima de manos de tus seres queridos?

5. En el listado de conductas de baja autoestima ¿encuentras alguna que acostumbres frecuentemente? ¿Cuál es la principal? ¿Cómo puedes trabajar en ella?

Gratitud

La aceptación ayuda.

La gratitud es el ingrediente principal de la aceptación.

La aceptación sin gratitud se llama resignación.

La aceptación es el antídoto para el control.

El control viene del ego, igual que la soberbia.

Es una ilusión óptica. En realidad no podemos cambiar a nadie.

La aceptación no se logra de un momento a otro. Para llegar a ella, a veces tenemos que pasar por una serie de sentimientos como ira o dolor.

La aceptación no es resignación; la resignación conlleva amargura, la aceptación, la gratitud.

La gratitud no es una respuesta a un acto, es un don que ya se trae o se trabaja. No es la respuesta a que tú me regalaste algo y yo te respondo agradecida.

La gratitud es la decisión de querer ver las cosas con otro cristal. Por ejemplo, decidimos ver lo que nos está sucediendo no como algo personal sino como un aprendizaje, aunque también podemos decidir verlo como algo personal y creer que la vida la trae contra nosotros.

La gratitud es un don espiritual, una actitud ante las cosas, es la decisión de querer tomar lo sucedido de una manera funcional. No es conformismo. Es tener la humildad de aceptar que existen cosas que no están en mis manos y que yo no las puedo cambiar. Están en manos de un poder más grande y yo no puedo intentar rivalizar con ese poder superior.

La gran diferencia es que la resignación puede traer amargura o sensación de impotencia o de carencia, y eso puede llevarme a la depresión.

Y, tal vez, también podemos añadirle una pizca de fe, diciendo: "Confío en que por el momento así es exactamente como deben ser las cosas".

La manera para adquirir fuerza es aceptando o llegando al grado máximo de aceptación, es el sometimiento del que hablan los Doce Pasos de Alcohólicos Anónimos.

Se adquiere fuerza y claridad de una manera mejor, más funcional. Y de repente esa puerta que estuvimos forzando se abre, y también se abren las ventanas. Ocurren posibilidades. Nuestra energía se canaliza por fin a áreas que sí funcionan. Nos ponemos en sintonía con un plan para nuestra vida.

La aceptación fortalece. La resistencia debilita, al igual que la negación. Y esto no cambia los hechos de todas maneras.

Igual sucede con los sentimientos. Reprimir un sentimiento no hará que desaparezca. Los sentimientos son para sentirse. Ésa es su función. No importa lo inadecuados que consideremos que sean, resistirnos y negarlos no nos librará de ellos.

Porque, finalmente, ¿cuáles sentimientos son inadecuados y cuáles no? ¿Estar triste en una fiesta está mal?

Los sentimientos no son buenos ni son malos, simplemente son. El sentirlos es la mejor manera de liberarlos, pero el sentirlos no quiere decir que yo los lleve al nivel de un acto.

La gratitud nos abre a la plenitud de la vida. Convierte lo que tenemos en suficiente, y más.

La gratitud puede convertir la negación en aceptación, la intolerancia en sometimiento, y el control en fe y confianza.

La gratitud convierte los problemas en regalos, los fracasos en éxitos, lo inesperado en el momento preciso y los errores en sucesos importantes. Puede convertir una existencia en una vida verdadera; y situaciones sin conexión entre sí, en importantes y benéficas lecciones. La gratitud le da sentido a nuestro pasado, nos trae paz para hoy y crea una perspectiva para el mañana... No digas gracias hasta que lo sientas. Si lo dices durante el tiempo suficiente, llegarás a creerlo.

MELODY BEATTIE

El sometimiento es una experiencia altamente espiritual y personal. Es el paso siguiente para la aceptación.

El sometimiento es una rendición desde la fe, la confianza. No es racional, es algo que experimentamos.

El sometimiento es quitar nuestras manos para dejar que la vida o un Poder Superior actúen. Es saber que no somos el único protagonista de esta historia y tener fe en que sí hay una historia que vale la pena vivir, pero tenemos que dejar a la vida entrar. Y para eso necesito soltar, aceptar, someterme, quitar las manos para que fluya la vida.

La gratitud hace milagros.

No se logra la aceptación en un momento. De hecho, casi siempre primero tendremos que pasar por el sentimiento de tristeza o de coraje, pero cuando la aceptación es la meta, la lograremos.

La gratitud es la llave que abre la energía positiva en nuestra vida. Es la alquimia que convierte los problemas en bendiciones y en regalos lo inesperado.

MELODY BEATTIE

REFLEXIÓN Y ANÁLISIS PARA LA SEMANA

1. Después de la lectura de esta semana ¿qué es la aceptación para ti?
2. ¿Que significa para ti la gratitud? ¿Crees que ayuda en algo?
3. ¿Has vivido la resignación? ¿Cómo te has sentido con ella? ¿Puedes sentir la diferencia cuando mejor practicas la aceptación?

4. ¿Crees que se pueda cambiar el cristal con que se miran las cosas? ¿Cómo o de qué manera? Imagina una situación de tu vida a la cual le puedas cambiar el cristal. ¿Es bueno ese cambio de cristal para ti? ¿Por qué? ¿Cómo te ayuda?

5. ¿Cuál es para ti la diferencia entre aceptación y sometimiento? ¿En qué te ayuda saber esto? ¿Cuáles son los ingredientes de los que está hecho el sometimiento?

Dar Poder

Tú puedes cuidar de ti mismo, créelo.

Tú te puedes cuidar solo.

No estás abandonado.

No fuiste tirado entre leones y elefantes por un Ser Superior que luego se olvidó de ti. Nadie se ha olvidado de ti. Tal vez cuando eras niño las figuras adultas encargadas de cuidarte no supieron cómo hacerlo de la manera correcta, pero ése no es tu problema y no tienes por qué hacerte lo mismo que te hicieron, no tienes por qué sentirte abandonado si tus padres no supieron cuidar de ti como debieron.

Cuida de ti mismo. Puedes pensar, puedes sentir, puedes pedir ayuda a la gente adecuada, puedes resolver cualquier situación.

Qué fácil es caer en la trampa de dudar de nosotros mismos y de darles nuestro poder a los demás. No ayuda el pensar que otro siempre sabe mejor que nosotros cómo hacer las cosas.

Una vez hablaba con la esposa de un alcohólico y me decía: "Mi marido es increíble, no sabes todas las locuras que hace; llevo 25 años casada con él y ha hecho las cosas más sorprendentes que te puedas imaginar, no acabaría en horas de platicarte; mi vida es un caos debido a esto. La última locura que hizo en una de sus borracheras fue irse al cuello de mi hermano en un pleito. ¡Casi lo ahoga! No sabes, duré meses deprimida debido a este problema".

El comentario que le hice fue muy simple... ¿quién está peor, el loco o quien le da poder a un loco?

Quiero hacerte una pregunta: ¿Cuál es el precio que has pagado por darle poder a los demás? ¿Te casaste con la persona equivocada por darles gusto o por molestar a tus padres? ¿Te acercaste a personas equivocadas, dándole gusto a alguien más? ¿Tuviste expectativas o pediste ayuda a personas incapacitadas emocionalmente, dándoles tu poder?

¿Has tomado decisiones económicas, morales o emocionales de una manera inconsciente, dándole demasiado poder a uno de tus seres queridos? Piénsalo y sé honesto contigo mismo; esos errores tal vez te costaron muy caros. Cuando te equivocas por ti mismo, son tus errores y tú vivirás las consecuencias, pero cuando te equivocas por darle poder a alguien más, te quedas con mucho coraje y resentimiento y es más duro todavía si lo que nos impulsó fue una reacción inconsciente para buscar la aprobación.

Cuando alguien está luchando con un sentimiento o con un mundo de sentimientos, ¿cuál es nuestra reacción? ¿Creemos que esa persona depende de nuestra habilidad para aconsejarla y resolverle el problema? ¿Creemos que no va a poder salir adelante sola? ¿Que no está bien que alguien sienta lo que siente?

Cuando una persona se está enfrentando a la tarea de asumir la responsabilidad de su vida y las consecuencias de su conducta, ¿cuál es nuestra respuesta? ¿Tratamos de salvarla y que no se desmorone?

Dar poder a los demás nos deja sintiéndonos victimados, confusos, con el rumbo perdido y viviendo graves consecuencias.

Los demás no tienen la llave de tu amor propio si no se la das, y no tienes por qué dársela a ninguna persona. Tus sentimientos es lo más valioso que tienes y tus sentimientos hacia ti mismo es tu parte más frágil y que más cuidado requiere.

Tú puedes abrir tus sentimientos, pero el poder de pensar, decidir y meditar en tu vida está en tus manos.

Deja que se vayan los miedos. Deja que se vaya cualquier creencia negativa, limitadora o autodestructiva, por más enterrada que esté en tu inconsciente.

Tú puedes dar y recibir apoyo que sea sano y conceda poder. Cree en ti mismo.

REFLEXIÓN Y ANÁLISIS PARA LA SEMANA

1. ¿Te has descubierto dándole más poder a los demás y sintiendo que ellos sí saben lo que hacen?
2. ¿Te sientes como "abandonado(a) a tu suerte"? ¿Ves siempre más verde el pasto en el jardín del vecino y terminas dándole poder a los otros, creyendo más en ellos que en ti mismo?
3. ¿Te descubres creyendo más en los demás sólo porque tienen más dinero, son más atractivos o por cualquier otra razón?
4. ¿Te has descubierto dándole poder a alguien inadecuado sólo por no confiar en ti?

Cuidar la relación de pareja

¿En qué momento la princesa del cuento se convirtió en bruja?

¿Y en qué momento el príncipe se convirtió en sapo?

¿Cómo esa hermosa mujer en su torre de marfil, necesitada de ayuda, se convierte en la bruja controladora?

¿Y cómo de ser el héroe que en su caballo blanco rescata a la princesa se convierte en el verdugo que hace sufrir y abandona emocionalmente?

¿La pareja está formada por dos contrarios o dos iguales?

Básicamente existen principalmente dos tipos de relación en pareja que son:

• Por carencias
• Por complementación

La unión por carencias es cuando queremos que el otro nos dé lo que nosotros no tenemos. La pareja es como una balanza, si nosotros estamos en un extremo lanzamos a la pareja al extremo contrario para que haya equilibrio; es decir, si nosotros somos muy platicadores y pensemos que nuestra pareja es mudo(a), probablemente lo que necesitemos es movernos de nuestro extremo de hablar mucho, y entonces se inclinará la balanza, y así probablemente aprendamos a escuchar más, como lo hace la pareja, y tal vez entonces se anime a hablar más. Lo que quiero decir es que mi pareja puede ser mi verdugo (el mudito que me abandona y castiga emocionalmente) o mi maestro de vida, según yo lo decida.

Cuando nos vamos a un extremo, pensamos: "yo estoy bien, yo sí me comunico, mi pareja es quien tiene el problema, no sabe expresar lo que siente, tal vez le viene de sus traumas de chico".

Y probablemente la pareja piense desde su extremo: "yo estoy bien, mi pareja habla y habla para controlar, no le importa lo que yo digo, sólo lo que ella piensa; yo soy alguien que sí sé escuchar, no como ella".

Así, vemos que esta pareja está unida con base en sus carencias. En este caso, el cambio se daría cuando uno aprenda a escuchar y el otro aprenda a comunicarse, pero en lugar de eso, lo que hacen es pedir que el otro cambie y llene la carencia. Pero ¿de qué manera se lo pide? Cuando uno no aprende a comunicarse y le deja al otro toda la responsabilidad de hablar, si tienen un problema esperará que sea la pareja la que busque hablarlo y solucionarlo, mientras que el otro no aprenderá herramientas para expresar lo que piensa o siente.

La unión por complementación es cuando uno aprende del otro.

Cuando se da este tipo de unión, buscamos aprender de nuestra pareja y ambos nos complementamos, llegando así al equilibrio como persona y, por lo tanto, como pareja.

Es decir, cuando descubro una carencia o un defecto de carácter en mi persona, me hago cargo de él. Me responsabilizo y pongo manos a la obra. No peleo ni busco que mi pareja siga mi ejemplo y se haga cargo de mí. Dejo de tener el foco centrado en el otro y me hago cargo de lo mío, de mi carencia, y no de las carencias de mi pareja.

Así es como mi pareja me enseña y se va convirtiendo en mi "maestra de vida", pues sabe de lo que carezco, conoce mi talón de Aquiles, y en lugar de ser mi verdugo, me enseña en qué tengo que trabajar conmigo mismo.

Pero cuando esto no sucede en la pareja, uno se convierte en el verdugo del otro y viceversa. Y este conflicto no resuelto se trianguliza involucrando a los hijos, que aparecen en escena como los rescatadores.

En este tipo de parejas (unidas por las carencias) los roles están polarizados en el verdugo y la víctima. Aquí es donde el príncipe se convierte en sapo abandonador, y la princesa en la bruja perseguidora que llama todo el tiempo para saber dónde está el marido.

Así, el príncipe que "rescató" en su caballo blanco se convierte en el verdugo que le da dolores de cabeza y que la abandona emocionalmente.

Y ella, de ser la princesa hermosa que requería que la rescataran, se convierte en la que está todo el tiempo persiguiendo y diciendo cómo deben de ser las cosas, con el fin de querer cambiarlo.

Virginia Satir comenta lo siguiente con respecto a los sistemas familiares: "Todo problema familiar en el fondo es un problema de pareja que se trianguliza, involucrando a los hijos en un rescate".

Si una pareja no resuelve sus conflictos, entonces se inicia un juego de víctima y verdugo, en donde ambos juegan los dos papeles. Pero al no resolverse el conflicto, y como en los cuentos de hadas sí hay víctima, entonces también tiene que haber rescatador. Los hijos son los que juegan este papel y entran a salvar la relación, pues al ver sufrir a la víctima (unos hijos van a ver a papá como víctima y otros a mamá, dependiendo del "bando" en que les tocó estar) ellos van a buscar rescatar.

Así es como se forma el *triángulo de Karpman* o *triángulo del odio*. Mientras más mal esté la pareja, estos tres roles van a estar más polarizados; es decir, el verdugo es muy maltratador, el rescatador se la vive en función de los demás y la víctima es un niño muy susceptible que va a permitirlo todo, a veces hasta el abuso sexual. En su libro (especificar título), Renee Berry nos habla de cómo el lenguaje entre la víctima y el verdugo llega a ser tan sutil, que el verdugo detecta a una víctima aun sin hablar ni una palabra con él o ella. La autora menciona sus resultados a partir de estudios realizados.

Cecilia nos platica: "Yo creí que nunca había vivido maltrato psicológico, ya que de niña nunca me hablaron feo; no recuerdo insultos o palabras que hirieran directamente mi autoestima, y nunca me golpearon. Pero lo que también recuerdo es que no me hacían caso, era como si yo fuera transparente y esto es más doloroso; lo recuerdo como una de las cosas más tristes de mi infancia. Pero todo cambiaba si yo llevaba agua al molino de mamá, es decir, si yo hacía lo que mi mamá quería y eso muchas veces consistía en criticar a papá".

Probablemente Cecilia se convirtió en el paño de lágrimas de mamá. En psicología a esto se le llama el *niño-adultito*. Es el niño que escucha a un padre hablar mal acerca del otro, y precisamente lo que vive el niño-adultito es el escuchar los problemas de los papás, los cuales, además, no son sus problemas; y muchas veces tiene que tomar un bando, convirtiéndose en rescatador, para que cuando sea adulto le corresponda salvar a una pareja con problemas y termine siendo víctima de ésta y luego verdugo, oscilando entre estos tres roles tal vez toda su vida.

De esta forma, el niño vive cosas que como niño no debería vivir, razón por la cual pierde su infancia. Y este es un derecho que todo niño tiene, pero lo más triste es que luego repite la historia en sus propias relaciones de pareja. Es decir, que si a un niño se le involucró en este triángulo, después él va a repetir la historia de sus papás en sus relaciones de pareja.

Renee Berry dice que el niño-adultito en ocasiones se convierte en el típico niño o niña "bueno(a)" que no da quejas y que los papás tanto alaban, porque es muy "madurito". Pero lo que en realidad sucede es que se está guardando todo.

Este niño va a tener que elegir estar en el bando de mamá o de papá, y esto lo coloca en una situación muy dolorosa, ya que si elige a uno, invariablemente pierde al otro. Y esta pérdida, aunque a veces no sea física, sí se da psicológicamente y por eso encontramos niños con ausencia ya sea de figura materna o paterna, aunque haya vivido con ambos padres.

Y después estos hijos, a la hora de formar pareja, van a repetir la historia. Por eso es importante ver cómo el problema comienza con un mal manejo en la pareja. Y aprender, así, a cuidar y a resolver los problemas que haya, sin involucrar a los hijos.

REFLEXIÓN Y ANÁLISIS PARA LA SEMANA

1. ¿En tus relaciones de pareja, tienes expectativas maduras o infantiles, como de príncipes y princesas?
2. ¿Juegas alguno de los roles de víctima, verdugo o rescatador? ¿Cuál es el rol que principalmente juegas?
3. En tu relación de pareja, ¿identificas algunas carencias en tu pareja?, ¿y en ti mismo(a)? Practica el ejercicio de la balanza.
4. ¿Qué tipo de relación de pareja es más común en ti?, ¿por carencia o por complementación? ¿Cuál crees que sea más adecuada?
5. Reflexiona el tipo de relación que llevas con las demás personas ¿Te relacionas desde el triángulo del odio? ¿Qué tan importante es que te des cuenta de esto?
6. ¿Por qué es importante para ti esta lectura? ¿Para qué te sirve en tu vida?
7. ¿Qué cambios te gustaría hacer?

Rescate

¿Cómo sabemos si estamos rescatando y resolviéndole la vida a los demás o si estamos ayudando de buena voluntad?

Este cuestionamiento es muy común. Karpman nos describe los tres pasos que se dan en este tipo de relación (Triángulo de Karpman): perseguidor, salvador y víctima.

Esto lo hemos visto repetirse una y otra vez. Pareciera que los rescatadores trajeran un letrero que dijera lo siguiente:

> Somos los que rescatamos; nos encargamos de cuidar a todo el mundo. No sólo cuidamos de los nuestros, sino que somos quienes ayudamos a toda la gente necesitada que encontramos a nuestro paso. Se atienden todas las necesidades, de día y de noche, gratis; tu problema es el mío.

La mentira que vive el rescatador es que cree que todo esto lo hace por generosidad, cuando realmente lo hace porque tiene necesidad de aceptación. Y mientras lo haga, seguirá metido en relaciones donde uno da todo y el otro lo recibe todo.

Rescatar es quitarle al otro su responsabilidad y evitarle pensar, tomar decisiones, crecer y madurar. El rescatador o Mesías es aquél que carga sobre sus hombros de forma obsesiva la responsabilidad de la vida de otro.

Por el contrario, el que actúa como un instrumento de un Poder Superior, sabe que su intervención es sólo la de un "puente".

El rescatador se obsesiona por solucionar los problemas de otros, desconoce sus propias necesidades y, por lo mismo, es incapaz de expresar sus verdaderos sentimientos.

Es importante buscar la forma adecuada para ayudar en cada caso, pues no toda ayuda es positiva para el que la recibe, ni para el que la da. Una persona que ayuda de manera destructiva parte de la base de que si ella no ayuda, nadie lo hará y, por lo mismo, se siente indispensable. Además, actúa como si la necesidad del otro estuviera siempre por encima de cualquiera de sus propias y legítimas necesidades. Más bien, en el fondo, ni siquiera reconoce sus propias necesidades.

Ayudar de forma destructiva lleva aparejados los siguientes sentimientos: urgencia por lograr algo, lástima, culpa, superioridad, extrema responsabilidad por la persona en cuestión, sensación de mayor competencia que la persona que es ayudada, resentimiento, miedo, etc. También es común sentir que la persona a la cual se ayuda es incapaz de resolver su propio problema.

Por lo general, en el rescate se hace o se le da a otro lo que inconscientemente se quiere o se necesita para uno.

REFLEXIÓN Y ANÁLISIS PARA LA SEMANA

1. ¿Cómo te sientes cuando la persona a la que has ayudado no te lo agradece o no sigue tus consejos?
2. Enumera lo que tú consideras tus responsabilidades. Hazlo en relación con tu trabajo, tus hijos, tus amigos y tu pareja. Después ve cuáles responsabilidades pertenecen a otros o si hay responsabilidades compartidas. ¿Qué tanto tomas responsabilidades que no te corresponden? o ¿qué tanto no te haces cargo de las tuyas?
3. Ponte en contacto con los sentimientos que ha despertado en ti el hecho de asumir las responsabilidades ajenas.

4. Cuándo ayudas a alguien, ¿te olvidas completamente de ti?

5. ¿Has sentido que dedicas tu vida a ayudar a tus amigos, familia, etc., y resientes que nadie se preocupe por ti? ¿Ayudas sólo cuando te lo piden o te ofreces aunque no te lo estén pidiendo? ¿Te molesta haber ayudado a alguien a salir de un problema y que vuelva a caer en lo mismo?

6. En caso de que haya personas que dependan de ti para tomar decisiones propias, ¿cómo te hace sentir eso?

7. El rescatador se obsesiona por solucionar los problemas de los otros y desconoce sus propias necesidades. Haz una lista de todas tus necesidades actuales (físicas, materiales, espirituales, emocionales) y examina qué estás haciendo para atenderlas.

Reacción

Alina nos cuenta esta historia: "Una noche que llegaba de trabajar, muy cansada, encontré que mientras yo no estaba, mi hijo había invitado a un vecino; se había enojado con él y para resolver su problema decidió aventarle cosas y correrlo, inventando que me había llamado y que yo mandaba decir eso. El niño quedó golpeado y su mamá pensando que yo había dado mi autorización.

"Al darme cuenta de lo que había pasado, sentí como si me hubieran bañado con agua helada. Sentí que mi hijo abusaba de mi ausencia, creándome grandes sentimientos de culpa por estar trabajando y de coraje por lo sucedido y más aún por lo que pudo haber pasado. Todo esto lo visualicé en cuestión de segundos. No pregunté nada, me saqué un zapato y me fui encima del niño, gritándole y amenazándolo. El niño estaba aterrado viendo a su madre convertida en una bruja.

"A los dos minutos estaba en mi cuarto llena de culpa. No pude controlar mis exageradas reacciones. Había vuelto a caer, como lo hace un alcohólico cuando empieza a beber".

El pensamiento es un don que se nos dio. Reaccionar nos quita ese gran derecho a usar la cabeza.

La reacción puede ser una actitud tan fuerte y exagerada, que se convierte en la única forma de respuesta a todas las circunstancias de la vida.

Se reacciona a los sentimientos de la gente, a lo que otros puedan pensar, decir o sentir. Se reacciona a nuestros propios pensamientos y sentimientos.

Reaccionamos con preocupación, con culpa, con vergüenza, con dolor, con control, con depresión, con miedo y ansiedad. Todas estas reacciones son exageradas. No se actúa, sólo reacciona.

Esta forma de reacción es ya un hábito adquirido por respuestas constantes a las crisis. Ya no sabemos más que estar en crisis, y si no las hay, nosotros nos encargamos de crearlas. No sabemos responder con inteligencia y con la voluntad, no controlamos nuestros sentimientos y emociones ni su expresión en lo más mínimo.

No sabemos contar hasta 100 antes de contestar; reaccionamos en lugar de responder. Brincamos al primer pensamiento que se atraviesa en el camino, al primer sentimiento que brota, y nos obsesionamos con él. Y así estamos permitiendo indirectamente que los demás nos dirijan. Que logren que hagamos, pensemos y sintamos lo que quieren.

Cuando reaccionamos perdemos el derecho de pensar.

La reacción *se deja venir* con demasiada fuerza. Viene porque tenemos miedo por lo que podría suceder, sucede o haya sucedido.

Reaccionamos porque tomamos el comportamiento de los otros como reflejo de nuestro propio valor. Y cualquier cosa que hagan o digan que difiera de lo que nosotros pensamos lo tomamos como una ofensa personal o como algo hecho intencionalmente.

Reaccionamos cuando sentimos que alguien nos rechaza. Pero se tiene que aprender a aceptar el rechazo como parte de las relaciones normales, no como síntoma de nuestro propio valor. Y mientras lo tomemos tan a pecho vamos a vivir sufriendo, porque queremos causar una buena impresión a los demás.

Se puede pensar y responder en lugar de reaccionar, en la medida en que nos desprendamos de nuestra enorme necesidad de aprobación.

REFLEXIÓN Y ANÁLISIS PARA LA SEMANA

1. ¿Tú reaccionas o respondes ante las contrariedades?
2. Haz una lista de las personas, de las circunstancias o situaciones que te hacen reaccionar impulsivamente más seguido. Una vez que hagas la lista, detente en cada una de las personas o situaciones e intenta ponerte en contacto con lo que sientes (vergüenza, ansiedad, enojo, depresión, miedo, etcétera).
3. Describe una situación en tu vida en la que hayas reaccionado en vez de responder. Escribe después cómo hubieras querido responder al ejercer tu deseo de pensar, sentir y actuar.
4. Cuando te das cuenta de que has reaccionado, ¿también te das cuenta de que te has lastimado tanto a ti mismo como a otros?

Ataduras

No dejar a alguien libre y que viva su propia vida es vivir con lazos de esclavitud hacia la otra persona.

Cuando dos personas están tan dependientes parece como si la vida de una dependiera de la otra. No son libres para tomar decisiones ni para ser ellas mismas.

Normalmente, las personas que están atadas no quieren vivir así; sin embargo, dicen que no pueden evitarlo o que no se dan cuenta.

Por ejemplo, se ha visto que en el momento decisivo del nacimiento puede haber circunstancias que hacen que el bebé siga atado a su madre. A veces son circunstancias traumáticas de diversa índole, como pueden ser el peligro de muerte de la madre, del bebé o bien dificultades graves en el momento de nacer que no permiten al pequeño y a la mamá separarse de forma adecuada. También puede darse esta atadura entre una pareja o entre hermanos.

En el momento del nacimiento, el ser humano experimenta una pérdida, que va acompañada de una gran carga emocional (angustia de separación). Cuando el nacimiento se realiza en forma violenta o traumática, puede crearse una atadura de tipo psicológico que puede durar hasta la edad adulta.

Incluso la atadura se puede dar debido a un duelo mal manejado, como una pérdida o un divorcio, donde un hijo puede quedar atado a la madre o al padre, o una esposa a su esposo o ex pareja.

También puede suceder que en la experiencia de la muerte de uno de los padres, el niño o el adulto muchas veces permanece atado fuertemente al progenitor que vive.

La muerte, al igual que el nacimiento, es momento de pérdida y de separación y está acompañada de los mismos sentimientos de angustia de los cuales hablábamos anteriormente. Se da también la atadura cuando se muere de forma violenta o traumática.

El hijo puede quedar atado a la madre o al padre que sobreviven, ya que la raíz de este tipo de lazo puede ser una pérdida no aceptada, un duelo no llorado o un miedo tremendo al abandono del otro padre.

En el caso del hijo nacido después de la muerte de un hermano o bien después de un embarazo que cumplió con el lapso de tiempo normal, se dan miedos, como el de que este nuevo hijo también muera, por lo que los papás pueden impedir soltar al hijo y dejarlo vivir su vida. Las hermanas Barneche opinan que todas las expectativas que se habían tenido con el hijo muerto se traspasan al hijo sobreviviente y se espera que él las cumpla.

En la mayoría de estos casos, no se sienten aceptados ni amados por sí mismos y ni siquiera se dan cuenta ni entienden la causa.

Alguien atado nos da la impresión de que no ha cortado el cordón umbilical, ya sea con la mamá, el papá, la hermana, el hijo o la pareja.

Las características de la obsesión de la persona que tiende a atar son: posesividad, falta de respeto al otro, manipulación, control y desamor.

Los resultados que produce esta conducta son muy negativos en la persona que está atada: rebeldía, rechazo, enojo, resentimiento, confusión y bloqueo emocional.

La manera de salir de este tipo de relaciones es revisando las ganancias secundarias. ¿Qué son las ganancias secundarias? Son las razones escondidas que cubren nuestras carencias inconscientes, las cuales tienen beneficios ocultos que nos hacen permanecer en una circunstancia que aparentemente no nos conviene, pero que en el fondo sí conviene, porque se están llenando carencias y situaciones no resueltas de las personas que continúan atadas.

Por ejemplo, ¿cual sería la razón por la que una mujer sigue atada al marido que no le da dinero, el cual tampoco le hace caso y hasta tiene una amante, que no la desea porque su vida sexual es inexistente, que no la ayuda con los hijos y que además es alcohólico? Bueno, los psicólogos descubrieron hace algunos años que a pesar de que aparentemente no se "gana nada" en este tipo de relación, por debajo del agua sí hay ganancias. En nuestro ejemplo, ella no se responsabiliza de lo que le toca de la forma como debe, y sin embargo, sí rescata al marido de todas sus situaciones, como si fuera un niño, y tal vez a los hijos (que son niños) les esté pidiendo responsabilidades que les corresponden a ellos como padres, pero en cambio al padre lo trata como a un niño. Y cuando un hijo se cae de un árbol de 10 metros, ¿dónde estaba la mamá? Pues cuidando al papá como si fuera un niño. Y luego tendemos a justificarla: "¡Ay pobre, ya con todo lo que tiene, cuidar a los niños, encargarse de todo porque el marido no la ayuda, y aparte tener que cuidarlo a él pobrecita!".

Lo que está sucediendo es que ella tampoco se encarga de su responsabilidad, aunque parezca que ella todo lo hace. Son los hijos, que pierden su infancia por tener a dos padres codependientes, los que tampoco resuelven su atadura. Ella, a su vez, no sigue en la relación por amor, sino por temor. Y necesita encargarse de su vida en vez de la del marido, pero tiene miedo a enfrentarla y es por eso que "rescata" y que sigue atada a él, para fugarse de su propia responsabilidad.

Su ganancia secundaria es la de no responsabilizarse de lo que verdaderamente le corresponde, como revisar su relación de pareja y soltar esa atadura tan disfuncional. Dejar de ganar siendo la "buena" y "sufrida" de la película y aceptar que el pegamento que une su relación no es sano y desapegarse. Aceptar que su relación es disfuncional y hacer algo al respecto de una manera sana y responsable.

Con desapegarse no se está diciendo no volver a hablarle a su marido, significa separarse de la agonía del envolvimiento malsano. Tomar la responsabilidad de sus errores desde la persona adulta y no desde la víctima, trabajar en ello aunque sea más incómodo aceptar sus defectos. Aunque dé miedo, aunque no le guste ver que no es tan buena.

Consiste en desapegarte, en no agarrar al otro de muleta y empezar a hacerte responsable de ti misma, de tus sentimientos y tus actos, y a dejar que el otro (aunque lo quieras) haga lo mismo.

Amor no es atadura, no es apego.

En el amor hay libertad. No tengas miedo de perder al otro, el miedo no es un buen pegamento. Tu pareja no es tu muleta en la vida.

REFLEXIÓN Y ANÁLISIS PARA LA SEMANA

1. ¿Tienes alguna atadura con alguien y hasta ahora te das cuenta? ¿Viene desde tu infancia? ¿Puedes ver que esa relación tan cercana y con tanto apego es más bien una atadura y no trae nada bueno si no se sana?

2. ¿Has pensado o has sentido todo el daño que te has hecho cuando estás atado(a) a alguien? ¿Por qué crees que se dan las ataduras? En tu caso, ¿qué lo provocó?

3. ¿Has sentido la necesidad de no separarte de alguien? ¿Qué has intentado hacer para desatarte de alguien? ¿Qué sentimientos presentas cuando no lo logras? Escribe lo que estás descubriendo y cómo te hace sentir todo esto.

4. ¿Lograste desapegarte o desatarte? ¿Cómo le hiciste?

5. ¿Qué opinas acerca de las ganancias secundarias?

6. Si estás en una relación de pareja, revisa tus posibles ganancias secundarias: ¿Ser la "buena" y el otro el "malo"? ¿Que todo el

mundo te quiera ayudar a ti y al otro hacerlo picadillo? ¿Que no te encargues de tu fondo para el retiro porque tus hijos se van a encargar de ti porque tú "los sacaste adelante sola a pesar del verduguito"? ¿Que hay una complicidad y un taparse las espaldas aunque sea enfermizo y vivan como perros y gatos?

7. ¿Cómo puedes sanar esa relación?

La agresión del soberbio

Nuestra sociedad ve bien la soberbia, de hecho, a veces la confunde con autoestima. En la familia, en la oficina, en la escuela y en la sociedad cada vez es más común, y no hay día en que no aparezcan personas ajusticiadas con mayor crueldad.

Pero esto comenzó en la familia.

La violencia no es un sentimiento, sino una conducta. Así que quienes ajustician buscan como objetivo castigar a los otros, porque no hicieron lo que ellos querían. El ajusticiador por lo general cuenta con la aprobación de la sociedad.

Cuando algo no sucede como esperábamos nos sentimos frustrados, y detrás de la frustración hay dos sentimientos: coraje y tristeza; y sólo puedo hacer tres cosas con ellos: autoagredirme y culparme (lo que lleva a la depresión); culpar a los otros, entonces se da el ataque a los que se cree que son los culpables; y la más funcional es el manejo de la ira validando mi sentimiento.

La no tolerancia a la frustración y el pensar que nuestra percepción es la realidad, me llevan a la soberbia. La altivez no es satisfacción por lo que uno es, sino menos precio por lo que es el otro. Al soberbio no le interesa la verdad, no le importan los datos de la realidad que contradicen sus deseos, sólo busca comprobar "el tener la razón"; por eso su percepción de la situación es selectiva, y sólo elige los datos que confirmen su creencia. Y a partir de esto hace inferencias y conclusiones inadecuadas de la realidad las cuales transforma en argumentos que, según él, son únicos, minimizando los de los otros. El soberbio no permite que nadie, en ningún caso, se ponga por encima de él ni a un lado.

Es entonces cuando entra en juego la violencia del ajusticiador. Desde su propia necesidad e inseguridad.

La soberbia fomenta la no tolerancia y comienza en la familia, entre el esposo y la esposa, entre el hermano consentido y el "chivo expiatorio", para continuar en el salón de clases y a la intolerancia entre países, razas y religiones. El ajusticiar desde la soberbia es seguir el círculo vicioso de la agresión, del "fuerte" contra el "débil". Aunque no es más fuerte el soberbio porque es sólo una apariencia del ego; la soberbia es una de las raíces del ego y es destructiva en sí misma.

La soberbia no es democrática, es una dictadura que se ejerce desde el control del poderoso. Él puede aparentar que pone límites, pero en realidad tal vez sólo esté haciendo alarde de su "fuerza".

El soberbio censura con violencia y con la aprobación de la sociedad o de la familia.

Su ego lo hace permanecer como el único que sabe lo que los demás deben hacer y lo que necesitan para vivir bien.

Al colocarse por encima de los demás, impide el diálogo y la intimidad. El poderoso actúa un monólogo disfrazado de diálogo, ya que sólo su voz cuenta.

El soberbio se siente con derecho de juzgar a los demás, y casi siempre actúa como si tuviera "la vida perfecta"; dice tener buenas relaciones y se siente el bueno y el ubicado de la familia. Regularmente es un hermano que bajo la máscara de "ayudador" opina y ajusticia sin negociación alguna a quien no coincide con sus ideas. El ajusticiador ha creado sus propios códigos del bien y el mal.

El soberbio se vive exitoso y el éxito no es un buen consejero cuando no va acompañado de humildad y sabiduría, porque lo convierte en un ajusticiador fuera de la ley.

El ajusticiador es un juez que no hace juicio y que condena sin derecho a la defensa. Sus leyes son subjetivas porque él perdió objetividad. La soberbia le nubló la visión a tal grado que no se da cuenta de que perdió visibilidad. Y si se da cuenta, no lo puede aceptar.

La gente es querida por ellos dependiendo de si actúan "bien" dentro de sus leyes y de si cubren un perfil de éxito. Por lo tanto, a veces no aman, utilizan. Estás en el ruedo siempre y cuando no hayas caído de su gracia. Con alguien soberbio es mejor no equivocarse y, sobre todo, es mejor que tu vida siga marchando bien. Es mejor que no te divorcies, que no tengas problemas económicos y que logres ejercer tal manipulación sobre la demás gente, que siempre caigas bien parado, aunque hayas pisado a dos o tres en el camino.

La inteligencia emocional dice que algunas de las grandes herramientas en el aspecto emocional son el poder reconocer el valor de los demás, y por eso no se busca imponer la voluntad, y el valorar la opinión de los demás, lo cual es de gran ayuda para lograr la negociación. De ahí que sea una habilidad muy grande el buscar llegar a acuerdos mediante negociaciones y sabe ceder (Shapiro).

El camino de una persona que toma la disyuntiva de la soberbia depende de la educación familiar. Si los padres hacen creer a los hijos que son merecedores de todo, que son el *non plus ultra,* no se les enseña a buscar, porque ellos ya se lo han ganado todo, incluso sin necesidad de pedirlo. Con esto no hace sino sembrar la semilla y cultivar la planta de la soberbia, lo que a la larga lo hará una persona *agresiva-pasiva* y, paradójicamente, vulnerable al creer que se conoce a la perfección y que domina una situación. Lo que en verdad sucede es que se aísla de la realidad porque no la lee de manera adecuada, aunque exige que sea como él espera.

Suele decirse que Russell, el filósofo inglés, ante el cuestionamiento de un interlocutor acerca de lo que pasaba si la realidad no se adecuaba a su pensamiento, respondió: "peor para

la realidad". Así sucede con los soberbios, si la situación no es
como ellos creen o las cosas no salen como esperan, es peor
para la situación y para la realidad, ya que la respuesta más
usual es su violencia pasiva.

La personalidad narcisista va en busca de la perfección, con
lo cual se asegura que el amor jamás tendrá ocasión de flore-
cer. Tan pronto como ve que el otro es un ser humano real, el
ego siente una repulsión que lo lleva a querer irse. También se
aseguran de evitar la intimidad, porque la gente accesible los
asusta, ya que amenaza el imperio de su ego.

La humildad es una decisión ante la demás gente, ante uno
mismo y ante la vida.

Que no se haga mi voluntad sino la tuya, que tenga la humildad para reconocer que cada persona y cada situación es
mensajera de la vida para un aprendizaje nuevo y necesario en
nuestro crecimiento. No pedir que se haga nuestra voluntad
sino pedir los dones necesarios para enfrentar la realidad. Y
estos dones pueden ser la aceptación, la gratitud, la humildad,
la confianza y la fe.

No pedir que se haga nuestra voluntad, sino pedir el desapego y la confianza suficiente para dejar que se cumpla una
voluntad superior con objetivos superiores, más justos y menos
atados al ego, es sacar nuestras manos para dejar que fluya la
vida y que entren unas manos más libres y sabias.

La inteligencia emocional habla de que la humildad es una
actitud, una decisión de querer crecer. Es la decisión de querer
ver a los demás como compañeros de aprendizaje en esta vida.
Humildad es saber que la relación con el otro fomenta nuestra
curación interior, la curación de algunos asuntos del pasado o de
algún problema que estoy enfrentando hoy. Aunque duela.

Humildad es confiar en que la lección y el aprendizaje allí
están. No tenemos que controlar nosotros este proceso. De
igual forma humildad es confiar en que ese aprendizaje es precisamente el que necesito.

REFLEXIÓN Y ANÁLISIS PARA LA SEMANA

1. ¿Cuál crees que sea la diferencia entre autoestima y soberbia?
2. ¿Crees que existe en ti una parte de soberbia?
3. ¿Te cuesta trabajo no retirarle tu afecto y aprobación a los demás cuando ves sus imperfecciones?
4. ¿Qué relación tiene la humildad con reconocer el valor en los otros? ¿Cómo se logra esto?
5. Recordemos que existen tres maneras para manejar el sentimiento:
   - La primera es negándolo, reprimiéndolo, lo que nos lleva a la depresión.
   - La segunda es sacándolo por medio de la agresión al otro.
   - La tercera es validando el sentimiento.

   ¿Cuál de estas tres maneras sueles usar para manejar tus sentimientos?
6. ¿Para qué nos sirve la humildad como herramienta de la inteligencia emocional y cómo nos ayuda a aprender de lo vivido?
7. ¿Qué herramientas pueden ser de utilidad para la negociación? ¿En qué me ayuda en mi vida el saber negociar?

Buscadores de amor

Yo siempre he dicho que si de niña me hubieran dado una pistola, yo hubiera matado con tal de lograr la aceptación de mi mamá.

CRISTINA

Las dos cosas esenciales que necesita un niño son el amor y la aceptación. Carecer de ellas puede llevarnos a buscar eternamente, como caminante errante, ese amor y esa aceptación, tan básicos para crecer con la mentalidad saludable. Podemos buscar en todos los lugares y con todas las personas, estén sanas o enfermas emocionalmente. No todos los lugares ni todas las personas son adecuados para encontrar este amor. En realidad, tal vez la verdadera obsesión sea buscar ese amor afuera, en lugar de adentro de uno mismo.

Y con buscar afuera quiero decir buscar en los demás, buscar en objetos mi felicidad y mi paz.

Es una tendencia a estar en el exterior y no en el interior, a buscar afuera lo que sólo puedo encontrar adentro de mi ser.

Se dice que el talón de Aquiles del siglo XX es el miedo a la soledad, lo que lleva a relaciones destructivas o a permitir el abuso. Este miedo a estar solo es porque se aprende a sentirse valioso solamente si es aceptado y querido por los demás.

No somos caminantes errantes, no tenemos por qué estar corriendo de un lado a otro, de una gente a otra, buscando que nos digan quiénes somos, y si somos valiosos o no. Nosotros podemos aprender a saber quiénes somos.

No estamos abandonados ni somos niños que no podemos darnos a nosotros mismos ese amor o que no podemos separarnos de gente incapacitada para dárnoslo. No estamos impotentes ante al abandono. Además, nos tenemos a nosotros mismos, no tenemos por qué pensar que sólo puede venir ese amor de los demás.

Al principio esta nueva conducta puede ser difícil. ¿Qué hubiera pasado si nosotros hubiéramos dicho lo que queríamos? ¿Si nos hubiéramos vuelto firmes a nuestras creencias y valorado lo que necesitábamos? ¿Qué pasaría si dejáramos nuestra máscara de adaptación? ¿Qué puede pasar si nos adueñamos de nuestro poder para ser quienes somos, y si le dejamos de caer bien a la gente? ¿Y si nos abandonan? ¿Si se enojan? ¿O si piensan mal de nosotros?

Qué enorme es la hipersensibilidad al rechazo. Podemos querernos aunque alguien a nuestro alrededor nos rechace. Podemos correr el riesgo de seguir creciendo y de seguir viviendo como nos parezca mejor.

Llega el momento en el que dejamos de permitir que los demás y sus expectativas nos controlen, y empezamos a sernos fieles a nosotros mismos, sin importar las expectativas y las reacciones de los demás. Porque podemos lidiar con el temor a que la gente se vaya. Sí, puede que alguien efectivamente se vaya, pero ten por seguro que de todas maneras algún día se iría. La gente que te quiere se va a quedar, la gente que quiere abusar de ti se va a ir, de todas maneras no es gente que quieres seguir teniendo a tu lado. Si alguien se va porque tú eres tú mismo, es porque tal vez no te estaba buscando a ti, estaba buscando manipularte.

¡No podemos andar por la vida como niños abandonados! ¡No estamos abandonados porque nos tenemos a nosotros mismos! Nos podemos querer, nos podemos aceptar a nosotros mismos así de imperfectos; somos seres humanos.

Dejemos de andar por la vida buscando afuera lo que sólo vamos a encontrar adentro. Y créemelo, no se vale de adulto pedir que llenen tus carencias de niño. Date a ti mismo la aceptación que no recibiste de niño. Se ha descubierto que las carencias del niño interior no se pueden llenar con las demandas del adulto. Se tiene que sanar desde el "niño interior" para que no le pidas a tu pareja, amigos e hijos que te den ese afecto que no recibiste; ellos no lo pueden llenar.

De niños tal vez hubiéramos matado por la aceptación de mamá y papá, de adultos ya no nos tiraremos de tapete para lograr la aceptación de nadie. Ya no recogemos las migajas de gente que quiere jugar sucio, regateando el amor y la aceptación. ¡Ojo! una cosa es la negociación y otra el juego sucio.

El amor y la aceptación no están en juego. La otra persona puede tomar sus propias decisiones, pero el amor y la aceptación no están en juego. Nosotros seguimos valiendo lo mismo, tengamos a lado a una persona o no.

REFLEXIÓN Y ANÁLISIS PARA LA SEMANA

1. ¿Qué conductas te hacen darte cuenta de que estás actuando como "buscador de amor"? ¿Qué haces, qué dices? ¿Eres complaciente? Explícalas para que te quede claro.
2. ¿Te das cuenta cuando entras en una relación donde ambos o un miembro de la pareja entrampan la relación con el jueguito de dar o retirar el amor y la aceptación?
3. ¿Te identificas cuando en la literatura se habla acerca de la sensación de abandono? ¿De qué te das cuenta de ti mismo?
4. ¿Cómo crees que puedes sentirte abandonado(a)? ¿Ante cuáles circunstancias te enganchas en el abandono?
5. ¿Qué te dices cuando te sientes en el abandono? Detecta tu diálogo interno.

6. Dispón de unos minutos para tomar conciencia de cómo tú puedes darte más amor. No lo pidas, busca maneras para dártelo. Enumera tres o cuatro formas.

7. Toma conciencia sobre en qué pensamientos y comportamientos puedes practicar la autoaceptación.

El poder de la palabra

Sé que soy controlador. Pero mi mujer también lo es. Posiblemente ella es más controladora que yo. Cada vez que realmente he estado decidido a dejarla, ella ha sabido decir las palabras adecuadas para lograr que me quede. Y ella sabía que yo respondería. Ella sabía decir exactamente lo que yo deseaba escuchar para que me quedara ahí, paralizado. Ella sabía lo que estaba haciendo y sabía lo que yo haría. Además, me lo confesó después de que comencé a recuperarme.

ANÓNIMO

Podemos ser tan vulnerables a las palabras... un *te quiero* a tiempo. El momento oportuno para decir *lo siento*. Una disculpa en el tono de voz correcto. Una sonrisa. Una llamada. Un abrazo. Unas cuantas palabras que prometen un amor aún no manifestado.

No tenemos por qué darle tanto poder a las palabras, aunque sean precisamente las palabras que queremos y necesitamos escuchar, aunque suenen tan bien, aunque parezcan detener el dolor.

Las palabras son sólo palabras. No les des el poder de los actos. Es mejor que observemos lo que se sabrá tarde o temprano; cuando las conductas no están de acuerdo con las palabras, éstas no son coherentes. Y tenlo por seguro, si no son coherentes, alguien te está tratando de controlar.

Las palabras sirven para que la gente se comprenda, para transmitirnos sentimientos y para saber quiénes somos. Son el instrumento para mostrar nuestro interior al exterior. Pero a veces nos escondemos detrás de las palabras.

Cuando hemos guardado las cosas en nuestro interior y sin hablar, siempre se harán más oscuras y nos estaremos cerrando las puertas.

Pareciera que no hay diferencia entre lo que se dice y lo que se siente, como si no hubiera un límite entre el interior y el exterior. Qué vulnerables podemos ser ante las intenciones de los otros y nosotros somos los únicos responsables de esto y los únicos que tenemos que hacer algo al respecto.

Cuántas veces no te sucedió algo similar al siguiente ejemplo. Sales con unas amigas y haces un comentario como: "Qué bonitos esos zapatos beige", y una de tus amigas dice que no le gustan; y después, platicando con otra amiga, le comentas: "oye, ¿tú crees que fulanita traía algo conmigo cuando mencionó que no le gustaban los zapatos beige?". Date cuenta, una opinión es sólo una opinión, y no es la Biblia, y la demás gente tiene derecho a dar su punto de vista, y eso no significa que sea algo personal. Pero cuando yo dependo tanto de la aprobación de los demás, le voy a dar demasiada fuerza a las palabras. En el caso de que esa persona sí tuviera algo conmigo, no importa, es mejor no darle poder a las palabras dichas indirectamente. Las palabras dichas indirectamente son como si te hablaran con un nombre que no es el tuyo; no respondas a ellas.

A veces la gente se comporta inadecuadamente y eso no tiene nada que ver contigo ni con tu propio valor. No midas tu amor propio con base en las conductas de los demás. Si alguien se comporta o habla inadecuadamente, ubica que eso es problema de la otra persona y no te culpes.

Cuida tus palabras hacia los demás y hacia ti mismo. Cuida mucho tu diálogo interno; creo que de los grandes descubrimientos que me han ayudado en mi vida, ha sido el darme cuenta de que sí tengo un diálogo interno y que a veces éste es mi peor enemigo.

En una ocasión fui a dar una conferencia a una universidad y al subir al estrado, entre la cantidad de cables que había y los nervios que yo tenía, me tropecé. Supe que transcurrió un minuto y medio porque los técnicos tenían registrado el tiempo. Y ese minuto y medio fue suficiente para que yo lograra decirme a mí misma suficientes cosas dolorosas. Era un momento muy vulnerable para mí, y al minuto y medio pude parar y hablarme de una manera más bondadosa. Si no hubiera hecho esto, si no hubiera parado mi diálogo interno tan negativo, seguramente la conferencia hubiera sido un verdadero fracaso.

Hacer consciente el diálogo interno va a ayudar a revisar las creencias que tienes acerca de ti mismo.

Podemos pedir congruencia entre las conductas y las palabras de aquellos que nos rodean. Podemos aprender a no ser controlados, manipulados o chantajeados por la charla barata; el poder lo tengo yo, no las palabras del otro. No tenemos por qué dejar que la charla barata nos controle, aunque las palabras que escuchemos sean exactamente las que necesitemos oír para cesar nuestro dolor.

No somos tan vulnerables a las palabras, en la medida en que podemos plantarnos en nuestro centro y hacer contacto con nosotros para no perdernos en el otro; podemos confiar en nosotros mismos y si necesitas tiempo, pide tiempo, si necesitas distancia, pide distancia; pero no te pierdas en las intenciones encubiertas en unas palabras.

REFLEXIÓN Y ANÁLISIS PARA LA SEMANA

1. ¿Recuerdas la última vez que le diste demasiado poder a las palabras de alguien? ¿Quién era esa persona? ¿Y qué consecuencias viviste?

2. Reflexiona acerca de tu fuerza. ¿Te das cuenta de que tu fuerza viene de poder marcar ese límite de lo interno y lo externo cuando alguien te está hablando y hacer entonces un contacto contigo mismo(a), con el fin de saber realmente qué quieres, qué deseas o si necesitas tiempo para pensar?

3. ¿Cómo puedes darle más peso a tu diálogo interno? ¿Te das cuenta de la fuerza que puede tener éste sobre tu vida y más si lo haces consciente?

4. ¿Qué puedes hacer para no ser tan susceptible a las palabras? ¿Te ayuda la idea de pedir congruencia entre las palabras y los actos? ¿De qué manera? ¿Cómo puedes usar esta herramienta?

5. Las palabras están hechas para comunicarnos. ¿Qué tanto las usas para esto? ¿Qué tanto las usas para expresar lo que sientes? ¿Para expresar lo que honestamente te pasa?

6. ¿Cuál es el principal aprendizaje que te llevas de esta lectura?

Disfrutar los buenos momentos

Está bien que nos permitamos sentir los momentos placenteros.

Disfruta los buenos momentos, los de descanso, de logros. Disfruta siempre.

No tenemos por qué preocuparnos cuando experimentamos sentimientos positivos; no tenemos por qué temer y dejarlos ir; no tenemos por qué sabotear nuestra felicidad. A veces lo hacemos para irnos al terreno menos feliz y que ya nos es bien conocido.

Cuando empecé a trabajar conmigo misma dejé de ver las cosas en blanco y negro, y pude ver que existen muchos tonos de grises, y fue realmente fascinante; continué con mi trabajo y pude ver que había muchos colores; después empecé a apreciar cosas maravillosas que antes no disfrutaba, como un amanecer, el paisaje, etcétera.

Me pude dar cuenta de que en todo ese tiempo yo no había visto más allá de mis narices ni de mi dolor. Mis sentimientos estaban congelados, los buenos y los malos. Ese es el poder de la negación. Entonces todo se empezó a descongelar y a mejorar.

Y pude admirar la belleza de un árbol, de sus hojas, el cielo, la alegría de un niño, etc. Pude darme cuenta del despertar de mis sentimientos, no nada más los sentimientos de los extremos, como la felicidad o la tristeza, sino toda la gama de sentimientos:

la compasión (jamás había sentido compasión hacia nadie más, sólo hacia mí misma), comprensión, júbilo, la verdadera alegría de la intimidad y la conexión con un todo, y yo como una parte importante de este todo.

CRISTINA

La capacidad de intimar es una decisión que tomamos parados en nuestro amor propio. La intimidad está intrínsecamente ligada con la felicidad, y lograrla es cuestión de decisión.

Es correcto sentirnos bien. No tenemos que juzgar, analizar, justificar o negar nada. No tenemos que deprimirnos ni dejar que otros nos depriman inyectándonos negatividad.

La autoestima se mide no en las actitudes de "yo lo merezco todo", sino en la capacidad para ser feliz y disfrutar de los buenos momentos.

Podemos permitirnos sentirnos bien. Podemos tomar nuestra fuerza y saber que merecemos estar bien.

La gratitud puede sernos de gran ayuda para decidir disfrutar lo que la vida nos tiene deparado; a veces las cosas no son como quisiéramos y es difícil estar agradecido cuando no siento correspondidas mis plegarias, pero con fe tendremos la confianza de que todo lo que nos suceda será por nuestro bien.

Selene nos cuenta: "Ya me recuperé de mi adicción, tengo tres años trabajando muy duro en ello. Conocí a un hombre llamado Isaac en cierto grupo de amigos al que empiezo a acudir. Me llevo muy bien con él y siento que no le soy indiferente. Es muy amable, guapo, trabajador y, además, es abstemio. Llevo meses tratando de que podamos salir, y le pido mucho a Dios que él se interese por mí. Pero las cosas no se han dado todavía, y yo creo que por algo Dios me lo puso en mi camino".

A las tres semanas de que hizo este comentario, Selene llegó muy sorprendida a consulta diciéndome que se había enterado de que Isaac había muerto tres días antes a causa de una sobredosis. Él consumía drogas y le había mentido a Selene. Si a veces no conseguimos lo que pedimos, confía que es a causa de una sabiduría superior. Ten fe en ello. Deja que se te conduzca felizmente por el camino, créelo; quizá se te está protegiendo de ti mismo y viene algo mejor de lo que tú estás pidiendo.

A veces observamos nuestro entorno, evaluamos la situación y empezamos a elegir lo que creemos necesitar. Luego nos acercamos a Dios y se lo pedimos. Pero nos damos cuenta de que no obtuvimos lo que pedimos. Lo que no sabemos es que nuestras peticiones sí fueron atendidas, pero de manera diferente. No te amargues para que no pases por alto lo que sí recibiste. Los deseos y necesidades están muy unidos entre sí. Y todas nuestras necesidades, aun aquellas de las que no estamos conscientes, serán satisfechas. Agradece a ese plan superior que conozca mejor que nosotros mismos qué es lo que necesitamos. Agradécelo, ya sea un deseo o una necesidad, disfrútalo y después no olvides ver a tu alrededor e identificar cuál fue el regalo.

La felicidad es una decisión. La felicidad no es la unión de pequeños momentos, sino una actitud. Es la decisión de querernos hacer una buena vida.

Es la decisión de querer ver los problemas como bendiciones, los errores como aprendizaje y a las personas como mensajeros para mi aprendizaje.

Para esto se necesita una autoestima muy alta. Es desde el amor propio que decido que merezco cosas buenas.

Párate en el merecimiento, en el amor propio y disfruta.

Cuando yo logro disfrutar de los buenos momentos, significa que puedo voltear hacia mi presente y hacia mi futuro. Que tengo la capacidad de conocer la plenitud y de vivirla. Disfrutar los buenos momentos tiene que ver con el merecimiento, con el amor propio, con saber vivir el presente, con no engancharme en las carencias propias ni ajenas, con el no dar poder a los demás, con el liberarme de las ataduras, con la capacidad para agradecer, con el dejar el dramatismo, con la capacidad de plenitud, con la capacidad de sentir sanamente y, sobre todo, con las ganas de vivir, con agarrar muy fuertemente ese amor a vivir.

Es la decisión de querer ver los problemas como bendiciones, los errores como aprendizaje y a las personas como mensajeros para mi aprendizaje.

Párate en el merecimiento, en el amor propio y disfruta.

REFLEXIÓN Y ANÁLISIS PARA LA SEMANA

1. Recuerda un momento de felicidad en tu vida y hazte consciente de tus recursos. ¿Cómo se sienten los buenos momentos? ¿Cómo lo lograste?

2. ¿Te has descubierto yéndote al terreno más conocido y más seguro de la no felicidad? ¿De qué te das cuenta de ti?

3. Menciona una manera o un ejemplo de tu vida de cómo has saboteado tu felicidad. ¿Cómo puedes detener este sabotaje?

4. ¿Qué relación existe para ti entre felicidad, merecimiento y autoestima?

5. ¿Alguna vez te has encontrado en una situación en la que no se dio lo que esperabas y que jurabas que era lo mejor para ti, y luego descubres que las cosas se dieron mejor a pesar de ti? ¿Qué es lo que ves?

6. ¿Cómo crees que se logra el merecimiento? ¿Hay algo que puedes hacer para practicar el merecimiento en tu vida?

Intimidad

El mayor obstáculo para el amor es la personalidad humana.

Marianne Williamson

El mayor impedimento para el amor, que es un proceso del espíritu, es la personalidad humana.

Los psicólogos entendemos la intimidad como sinónimo de amor. La intimidad es la capacidad de ver al otro y a mí mismo tal cual somos, incluso con la parte oscura. Nunca entendí esto hasta que viví el gran perdón hacia mí misma por no ser perfecta, y fue perdón, no aceptación, porque me era imposible aceptarme imperfecta y entonces tuve que perdonarme.

Ahora comprendo que nunca me había mostrado tal cual soy en las relaciones, de hecho ni siquiera sabía ni aceptaba que tenía una parte oscura, mucho menos iba a tener la suficiente honestidad como para mostrarme tal cual era. Y menos poder decir: "Sí, ahora que te escucho me he dado cuenta de que he estado intentado controlarte, y que eso no se vale; tengo que trabajar más con esta parte mía, este que soy, y no te voy a mentir porque sería hacer trampa".

Sergio

Es perdonando nuestras debilidades y las del otro como se establece la intimidad.

En realidad la intimidad no es proyectar en el otro la peor parte de nosotros, sino aceptarla en mí para no proyectarla en el otro. A veces nos es más fácil ver en nuestra pareja o en el otro el defecto que no queremos ver en nosotros mismos (sombra jungiana).

Intimidad también es poder ver los defectos del otro sin cerrarnos a la cercanía. Por lo general hacemos eso porque nos vamos al temor, no al amor. Pero no porque no seas perfecto me voy a alejar de ti.

Me pongo límites cuando me hieres y se presta atención a la herida si realmente se quiere curar.

El ego nos lleva a resistirnos a la intimidad por temor. El miedo es del dominio del ego, no del amor. Jamás se llega al amor desde el ego. De hecho, el primer paso para la intimidad es decirle adiós al ego. El segundo paso es atreverme a mostrarme tal cual soy, dejando de lado el miedo.

Jean Paul Sartre escribió en una ocasión: "El infierno son los demás". Y Marianne Williamson agregó: "Y el cielo también".

El otro puede ser nuestro maestro de vida o nuestro verdugo, y yo tengo mucha responsabilidad en esto. Nosotros podemos convertirnos en verdugos del otro si le pedimos a nuestra pareja que nos dé lo que no recibí de niño, que nos resuelva nuestras carencias.

Yampolzky dice que la gente aparece en tu vida por dos causas: para darte afecto o para pedirte ayuda.

Entonces si alguien te agrede es porque tiene miedo y sin saberlo está pidiendo ayuda. Y esta persona está actuando con base en sus carencias internas y no puede dar. Y detrás de su comportamiento agresivo está pidiendo ayuda.

En toda interacción la gente está dando o pidiendo... siempre.

O dicho de otra manera, una persona está actuando con base en el amor o con base en el temor.

El amor es del dominio del espíritu, el temor viene de la mente.

De la mente o del ego viene el miedo, el desamor por uno mismo, la desconfianza, la soberbia, la sensación de abandono, etcétera.

Todos hemos estado en ambos lados: actuando con base en nuestros conflictos no resueltos o teniendo los recursos para dar.

El poder dar en las relaciones no depende de nuestra voluntad, porque en ocasiones quisiéramos dar y no podemos; cuántas veces hemos querido con toda nuestra voluntad y amor tener una buena relación de pareja y no hemos podido. No bastan el amor y la voluntad; es un hecho que no puedo dar lo que no tengo. Por eso el verdadero amor viene del espíritu, de haber llegado a niveles más altos de comprensión, aceptación, humildad y de algunos otros procesos que no conciernen a la mente. Es cuando se logra superar el ego, que podemos llegar a amar desde el espíritu.

A menudo, al ver las debilidades del otro, en determinado momento tendemos a expresar nuestro rechazo y alejarnos. Pero no siempre es necesario un cambio de pareja, sino un cambio de percepción y, por lo tanto, de actitud.

El propósito de la intimidad no es satisfacer nuestras propias necesidades. El propósito es vivir la vida en su plenitud, y una de las mejores maneras de disfrutar la vida es intimando.

El amor nace del espíritu, no de la mente. El amor responde más al espíritu que a las emociones.

El amor no tiene tanto que ver con las sensaciones ni con mariposas en el estómago, el amor tiene que ver con nuestra parte espiritual, no emocional. El amor no es tampoco un estado de ánimo ni viene de pensar o sentir bonito por una persona. El amor viene del espíritu. Se necesitan características espirituales para poder amar de verdad. Dones espirituales como la honestidad para llegar a la intimidad, el agradecimiento para llegar a la plenitud, la aceptación que me lleva al amor incondicional. El amor verdadero no viene de las sensaciones en el estómago, viene de la plenitud del espíritu. Mientras más hayamos trabajado o ejercitado nuestro espíritu más herramientas o recursos tendremos para amar.

REFLEXIÓN Y ANÁLISIS PARA LA SEMANA

1. ¿Por qué los psicólogos vemos a la intimidad como equivalente del amor? ¿En qué se asemejan? ¿En qué nos ayuda la intimidad en la vida?
2. El paso uno para la intimidad es decirle adiós al ego. ¿Cómo crees que podrías lograr esto? Y el paso dos es mostrarte honestamente. ¿Qué crees que te ayude a poder lograrlo?
3. Tu pareja puede ser tu maestro de vida o tu verdugo, y cada quien tiene mucha responsabilidad en esto. ¿Has vivido algo similar; te identificas? ¿De qué te das cuenta con la lectura? ¿Cómo te ayuda el saber esto?
4. ¿Cómo puedes tener mayor capacidad de intimar? ¿Crees que el sanar tus heridas te ayuda? ¿De qué manera?
5. Reflexiona: ¿Ya llegaste a ese momento de tu vida en el cual no puedes culpar a nadie y sólo está frente a ti tu propia vida y lo que tú quieras hacer con ella, con esa conciencia plena de que todo está en tus manos? Repito, todo está en tus manos y puedes ver claramente cómo se abren ante ti dos caminos. La actitud es una decisión, tú puedes elegir el camino del temor o del amor.
6. Ahora que lees acerca de que el amor no viene de la mente ni de las sensaciones ni de los sentimientos y menos aún de las emociones, ¿tú qué piensas? ¿Te gusta esta visión? ¿Por qué? ¿En qué te ayuda en tus relaciones?

Admitir la derrota ante mis conductas y volver la vida gobernable
PRIMER PASO

Señor, dame serenidad para aceptar las cosas
que no puedo cambiar,
valor para cambiar las que sí puedo
y sabiduría para reconocer la diferencia.

ORACIÓN DE LA SERENIDAD

Admitimos que somos impotentes ante nuestras conductas y ante las conductas de los demás y que nuestra vida se había vuelto ingobernable.

Mi opinión acerca de este paso está basada tanto en mi experiencia personal como en la de otras personas, quienes me han compartido lo que les ha ocurrido.

Creo que el ser humano tiene la tendencia a evitar el sufrimiento y a buscar la aceptación y el afecto, pero va a depender de los recursos que nos dé nuestro entorno, que tengamos maneras más funcionales para obtener este estado satisfactorio.

Encontrar el equilibrio entre esta necesidad de buscar el placer y evitar el dolor ante ciertas situaciones desagradables que tiene la vida requiere de un aprendizaje y de un desarrollo de habilidades de enfrentamiento y de una capacidad para la solución de problemas, ya sea de tipo racional o emocional.

Sin embargo, este aprendizaje no siempre se da, y entonces se aprenden otras maneras de satisfacer esas necesidades básicas de realización personal, de paz mental y de bienestar emocional a través de caminos no funcionales.

El Primer Paso de Alcohólicos Anónimos nos permite reconocer que efectivamente somos un prisionero "impotente" que presencia la ingobernabilidad y la compulsión de nuestras conductas.

Se necesita reconocer que si se sigue haciendo más de lo mismo la vida va a seguir siendo ingobernable, y sabemos que esto no nos ha funcionado.

Se desprenden tres conceptos claves para comprender el Paso Uno:

A. Admitir

Una de las palabras más significativas del Paso Uno es *admitir*. El admitir se convierte en una experiencia momentánea de lucidez no contaminada por la estructura de pensamiento disfuncional, lo que da lugar a otra realidad diferente.

Si no admitimos, tenemos un problema que está ganando el pensamiento enfermo, y no se da el cambio. Necesitamos admitir que tenemos un problema.

La negación es parte del problema. Cuando estamos en la negación, somos incapaces de ver la realidad. Minimizamos el problema y culpamos a los demás.

B. Impotencia

Rechazamos la palabra impotencia, relacionándola con debilidad o mediocridad. Comprender el concepto de impotencia —y lo esencial que resulta admitirla— nos ayuda a superar todos los sentimientos negativos que podamos tener sobre este concepto.

Somos impotentes cuando la fuerza que impulsa nuestra vida está fuera de control, cuando no lo tenemos claro o cuando existe disonancia entre lo que creemos, hacemos y pensamos.

Nos ayuda a darnos cuenta de que seguir haciendo *más de lo mismo* no funciona.

Descubrimos que la impotencia no significa debilidad; el control sobre los otros no nos provee seguridad; buscar que otros nos dirijan no nos permite vivir nuestras propias vidas; juzgar a otros no es asunto nuestro; y creer que somos poderosos es falso. Experimentamos cómo los *viejos mensajes* que dan vueltas en nuestra cabeza pueden controlarnos. Descubrimos que el pensamiento en términos de blanco y negro o de bueno y malo es rígido y limitante.

Saber que no podemos solos como habíamos creído y querer convencer a nuestro ego de que sí podemos no funciona.

La derrota no es mediocridad. Es soltar, es aceptar que necesitamos ayuda.

Saber que, en este caso, la fuerza de voluntad no nos va a sacar adelante. No existen estadísticas de que con fuerza de voluntad se puede dejar el alcohol, pero sí existen muchos resultados de personas que lo dejaron con ayuda especializada.

La derrota es aceptación. Es tomar la decisión de dejar de actuar conforme a nuestro ego, dejando que actúe un poder más grande que el nuestro; es aceptar que no somos un Poder Supremo.

El concepto de derrota habla de aceptación desde la humildad y no desde el ego; aceptar que cierta manera de comportarnos no funciona y que ésta nos lleva a la ingobernabilidad.

Desapegarnos significa *dejar ir* nuestra necesidad de controlar a los otros y comenzar a enfocarnos en lo que sí podemos hacer: **cuidarnos a nosotros mismos**. Podemos tomarnos nuestro tiempo y actuar con aceptación, agradecimiento y con amor propio.

Cada que nos apegamos a alguien o algo nos separamos de nosotros mismos, damos en prenda nuestro poder y nuestra capacidad para pensar, sentir, actuar y cuidarnos.

C. Ingobernabilidad

Querer gobernar lo ingobernable o controlar lo incontrolable nos puede dar muy malos resultados.

Entonces, estos actos nos llevan a una situación que no podemos seguir negando, que nos causa problemas. Nos damos cuenta de que no tenemos buenos amigos o de que estamos tan desconectados, que nuestras relaciones son una farsa, una parodia del amor y de la intimidad. Que muchas cosas no han salido como esperábamos. Esto se llama *tocar fondo*; y aquí, quizá, todo parezca perdido, pero la verdad es que debemos pasar por aquí para poder embarcarnos en el camino del cambio.

La ingobernabilidad interior suele manifestarse en sistemas de creencias falsos sobre nosotros mismos, el mundo en que vivimos y las personas que nos rodean. Tal vez creamos que no valemos mucho, que el mundo gira alrededor nuestro o que las responsabilidades de la vida son una carga demasiado grande para nosotros. Puede que casi no reaccionemos ante los sucesos de la vida o reaccionemos mucho. La inestabilidad emocional suele ser uno de los indicadores más evidentes de la ingobernabilidad personal.

Cuando estamos conectados con nosotros mismos y con este Paso, comenzamos a tener confianza en que somos capaces de tener actos más juiciosos. Comenzamos a reconocer que somos valiosos. Podemos tal vez decir *gracias* y darnos a nosotros mismos afirmaciones positivas diariamente.

Nos enfocamos en nosotros mismos y trabajamos en permanecer en el presente. ¿Qué pienso? ¿Qué siento? Podemos tener contacto con nosotros mismos. Podemos elaborar una lista de verificación de las herramientas que apoyan nuestra recuperación. Podemos aquietarnos y conectarnos al Poder Superior. Empezamos a establecer límites sanos (retirarnos del lugar en donde estamos, llamar a alguien, dar una vuelta a la manzana, etc.) para cuidarnos a nosotros mismos de la mejor manera.

Nos damos cuenta de que estamos en el camino adecuado cuando oímos a nuestra voz interior, cuando oramos, escribimos u optamos por no tomar una decisión inmediata. También aprendemos que no es necesario que nos guste todo lo que aceptamos. Podemos aprender las lecciones de la verdadera humildad y reconocer que no tenemos todas las respuestas. A medida que soltamos el control, estamos mejor capacitados para aceptar la realidad de ser humanos. Así encontramos la paz.

Vaihinger nos dice que las personas guían su conducta por modelos de la realidad, *no* con base en la realidad misma.

Los fundadores modernos de esta psicoterapia son Albert Ellis y Beck. Trabajando con depresivos crónicos, Beck descubrió que es importante encontrar la relación específica que hay entre situación-pensamiento-sentimiento-conducta para demostrar lo importante que es el filtro que hace el pensamiento en la producción de emociones, y recomienda usar fichas de registro como la siguiente:

Escriba todas aquellas situaciones, pensamientos, sentimientos y conductas que cree que tienen importancia.

```
Situación: _____

Pensamiento: _____

Sentimiento: _____  Duración: _____

           Tristeza                    (0-10)
           Enojo                       (0-10)
           Ansiedad                    (0-10)
           Etcétera

Conductas: _____
```

Ellis opina que existen muchas creencias irracionales que no por ser irracionales dejan de tener mucho peso en nuestras actuaciones, las cuales generalmente no son conscientes. Estas creencias podrían ser la obligatoriedad de hacer todo perfectamente, la necesidad de ser querido por todos, etcétera.

Cuando aceptamos que tenemos pensamientos que nos llevan a sentimientos y actos no funcionales, y que estos pensamientos no funcionales no nos traen calidad de vida emocional, hemos dado un paso adelante para mejorar las conductas negativas.

Es importante que descubramos estos pensamientos y los hagamos conscientes antes de que afecten nuestros sentimientos, los cuales pueden convertirse después en conductas.

REFLEXIÓN Y ANÁLISIS PARA LA SEMANA

1. Cuando me desapego de otros, ¿cómo hace esto mi vida más fácil?
2. ¿Cómo pierdo el miedo a lo que otros piensan sobre mí? ¿Cómo me cuido a mí mismo?
3. ¿Para qué te ayuda el saber que eres "impotente sobre los demás"?
4. ¿Cuáles de tus defectos de carácter te impiden trabajar el Paso Uno?
5. ¿Qué quiere decir rendirse? ¿Por qué necesitas rendirte? ¿Acerca de qué necesitas rendirte?
6. ¿Cuáles son las señales de tu ingobernabilidad? (Haz una lista)
7. ¿Te derrumbas cada vez que las cosas no salen como quieres? ¿Cómo ha afectado esto tu vida?
8. ¿Puedes comenzar tu cambio sin una rendición completa?

Convencimiento y confianza en un poder superior
SEGUNDO PASO

Llegamos al convencimiento de que un poder superior podría devolvernos el sano juicio.

El primer paso habla de rendición, el segundo nos brinda esperanza en la recuperación.

Cuando admitimos nuestra impotencia en el Paso Uno, el Paso Dos nos pide confiar en algo más grande que nosotros mismos.

Para su estudio este paso se divide en tres partes:

A. Llegar a creer

¿En qué creemos? ¿A qué le hemos estado dando poder todo este tiempo?

Posiblemente muchos de nosotros estemos peleados con la idea de un poder superior, pero podemos sanar esta relación. Recordemos, estamos hablando de espiritualidad, no de religiones.

Existe un plan superior que ninguno de nosotros somos capaces de imaginar, ni de controlar. Quizá ahora en este Paso podamos reconocer lo doloroso de las consecuencias por permitir a otros tener ese poder sobre nosotros, ya que les otorgamos el poder de un Dios. Tal vez ésta es la primera vez que estamos preparados para reconocer que no somos el centro del universo.

En el Paso Dos nos damos cuenta de cómo a veces perdemos el sentido de la medida y la proporción y cómo eso es disfuncional. Los pequeños problemas se vuelven catástrofes enormes. ¿Cuántas veces no seguimos haciendo más de lo mismo esperando resultados diferentes? En el grupo de Neuróticos Anónimos la locura suele describirse como el creer que podemos tomar algo de *fuera* —poder, sexo, gente, comida—, para arreglar lo que está mal *dentro* de nosotros: nuestros sentimientos.

B. Un poder superior a nosotros

Este paso habla de que podemos aceptar que existe alguien más poderoso que nosotros, y, como mencionaba, no se está hablando de religiones, sino de espiritualidad, y esta aclaración es muy importante. Todos los seres humanos tenemos una parte física, mental y espiritual.

Se habla de un poder superior que para cada quien puede ser diferente. No se hace hincapié en qué ni en quién reside ese poder, sino en lo que puede hacer por nosotros.

Significa aceptar que si somos honestos, nosotros no podemos salir del problema solos, pero existe alguien que sí puede sacarnos: un poder superior.

Sé que es difícil confiar en un poder superior cuando en ocasiones no existe ni la confianza en uno mismo ni en nadie más. Para muchos éste es el primer momento en que se empieza a confiar en alguien que no sea uno mismo.

Lo que sí es un hecho es que no podemos sentarnos a esperar o que llegue la fe cuando practicamos el Segundo Paso, sino que tenemos que trabajar en ello. Una de las sugerencias que a muchos ha funcionado es actuar como si tuviésemos fe. No significa negar ni ser deshonesto, significa ejercitar el músculo de la fe.

Algo que también puede ayudar es pedirle a nuestro poder superior que sea él quien nos proporcione la fe, ya que en sus manos está ese don.

Este Segundo Paso habla, al igual que el Primero y el Tercer Paso, del sentido de la vida; de una nueva manera de ver la vida, por ejemplo, antes pensábamos que sólo los mediocres se derrotan o que con mucha voluntad podíamos lograrlo todo, etc. Así elevamos las capacidades del ser humano al nivel de un poder superior y empezamos a competir con él. Entonces es nuestro ego quien nos gobierna. Este Paso nos invita a aceptar que yo no lo puedo todo y es un proceso profundamente espiritual.

Confiar en un poder superior es: voltear hacia él, sea cual sea nuestra creencia, tener fe de que nos llegará su ayuda y fluir con la plena confianza de que existe un plan maestro.

C. Restitución del sano juicio

Encontramos que así como nuestra falta de juicio se manifestaba en la pérdida del sentido de la medida y la proporción, también podemos ver el sano juicio en nuestra vida cuando empezamos a desarrollar un criterio que nos permite tomar mejores decisiones.

Descubrimos que podemos elegir cómo actuar. Comenzamos a tener la madurez y sensatez para detenernos y medir todos los aspectos de una situación antes de actuar.

En este capítulo hemos explorado el sano juicio, y hemos empezado a confiar en un poder más fuerte que nosotros para que nos libere de tener que seguir cometiendo los mismos errores.

REFLEXIÓN Y ANÁLISIS PARA LA SEMANA

1. ¿Tienes miedos que te impiden llegar a creer? ¿Cuáles son?
2. ¿En qué has estado creyendo todo este tiempo?

3. ¿A qué le he dado poder?
4. ¿Tienes problemas para aceptar que hay un poder más fuerte que tu mente?
5. ¿Qué cambios en tu manera de pensar y actuar son necesarios para pensar más funcionalmente?

Decidir poner mi voluntad y mi vida al cuidado de un poder superior

TERCER PASO

Decidimos poner nuestra voluntad y nuestra vida al cuidado de un poder superior.

En el Primer Paso admitimos que nosotros no podíamos recuperarnos solos, en el Segundo Paso confiamos en que existe un poder superior que puede ayudarnos, y en el Tercer Paso le pedimos ayuda a ese poder superior.

Este paso se basa en una decisión. Decido o no decido confiar. Y si mi respuesta es sí, entonces la siguiente pregunta sería: ¿en quién voy a confiar? ¿Podría confiar en alguien con problemas, en un ser humano al que le otorgue un poder superior o tal vez en alguna droga? Definitivamente no... confiamos en un poder superior divino.

Yo decido qué o quién va a ser mi poder superior, y después de tomar esta decisión debo pensar qué exactamente es lo que voy a poner en sus manos.

Lo que se debe confiar a un poder superior es la propia voluntad, entregársela, soltarla, y también poner la vida a su cuidado.

Confío y reconozco que no llego muy lejos basándome en mi propia voluntad.

El plan que nuestro poder superior tiene para nosotros es que nos cuidemos.

¿Y cómo podemos encontrar la voluntad de nuestro poder superior?

¿Cómo evitar confundir esa voluntad con la propia?

Generalmente encontramos la voluntad de nuestro poder superior cuando soltamos nuestra voluntad. Cuando dejamos de poner resistencia para que puedan actuar las manos de nuestro poder superior; cuando dejo que fluya la vida. Encontraremos esa voluntad desde la paz y la confianza, mediante el desapego, la aceptación y la gratitud.

Cuando no logramos rendirnos a lo que está pasando, cuando no soportamos lo que sucede en nuestra vida, de todas formas debemos decir: *gracias*. Cuando no sabemos qué sigue, cuando no entendemos por qué sucede lo que sucede, decimos *gracias*, aunque sólo sea una palabra.

Y luego podemos practicar el cuidado de nosotros mismos.

Ser agradecido es cuando podemos decir gracias antes, no después, porque tenemos capacidad de confiar, porque entendemos que existe un plan superior al nuestro, aunque no podamos verlo y el ego no lo entienda.

La gratitud nos ayuda a que las cosas terminen bien, a pasar por momentos difíciles, y luego, cuando todo sale bien, nos ayuda a gozar las cosas.

Fijarnos en lo negativo es parte de la codependencia. La gratitud nos da poder y aumenta lo bueno en nuestra vida.

Este Paso nos ayuda con el miedo a confiar, a agradecer, a volvernos hacia la confianza.

Cuando nos derrotamos, cuando nos rendimos estamos libres de la voluntad y del capricho de nuestro ego. Es entonces cuando le damos oportunidad a nuestra parte espiritual de actuar.

Rendirse no significa estar indefenso, no significa rendirnos al abuso, significa reconocer esas circunstancias y luego pedir ayuda a nuestro poder superior para que nos cuide.

Aprendo a decir *no*, a poner límites, pero desde mi centro, desde mi contacto conmigo mismo, no desde el coraje o desde el temor.

Al rendirnos nos potenciamos para cuidarnos a nosotros mismos.
HERMANAS BARNECHE

Cuando no encontramos la salida, cuando hemos intentado todo y comprendemos que ya no podemos avanzar contracorriente, cuando ya no aguantamos porque nos hemos agotado tratando de controlar, cuando necesitamos ayuda para cuidar de nosotros, es el momento de rendirnos.

Cuando comprendemos que la vida trata de enseñarnos algo nuevo y benéfico o cuando somos capaces de aceptar que necesitamos cambiar nuestra forma de pensar o de actuar, es el momento de rendirnos al poder superior.

REFLEXIÓN Y ANÁLISIS PARA LA SEMANA

1. Analizando tu vida, ¿qué diferencia hay entre tu propia voluntad y la de un poder superior?
2. ¿Cómo te comunicas con tu poder superior? ¿Cómo se comunica tu poder superior contigo?
3. ¿Cómo podría cambiar tu vida si tomaras la decisión de ponerla al cuidado de un poder superior?
4. ¿Qué actitudes prácticas tomas para entregar tu voluntad y tu vida? ¿Acostumbras decir algunas palabras? ¿Cuáles?
5. ¿De qué forma tu rendición en el Primer Paso te ha ayudado en el Tercero Paso?
6. ¿Sientes que ya puedes "soltar las riendas"?

Aceptar mis defectos
CUARTO PASO

Sin miedo hicimos un minucioso inventario moral de nosotros mismos.

El Cuarto Paso nos da los medios para comenzar a descubrir quiénes somos, la información que necesitamos para empezar a gustarnos y querernos, así como lo necesario para lograr la serenidad.

Este Paso consiste en un método de aprendizaje sobre nosotros mismos, tanto para averiguar cuáles son nuestras virtudes, como para identificar la naturaleza exacta de nuestros defectos.

El inventario pudiera dejar al descubierto el dolor y los conflictos sin resolver, y esto tiene la intención de no seguir a merced de ellos. Podremos elegir.

"Aquel que no conoce su pasado está condenado a repetirlo"

Como ya he mencionado, los tres primeros pasos tienen que ver con la relación con mi poder superior. Por su parte, este Paso y el siguiente se refiere a la relación con nosotros mismos.

El Cuarto Paso habla de reconocer honestamente lo que llamamos nuestros defectos de carácter.

¿De qué le puede servir a un adicto reconocer sus defectos de carácter para dejar de consumir? Precisamente es la no aceptación la que lo hace sentir mal y lo impulsa a negar sus sentimientos consumiendo. Son sus mismos defectos de carácter los que lo colocan en un círculo vicioso donde actúa de una manera en que se siente culpable y no sabe cómo salir de ahí. Sus defectos de carácter son la pieza del rompecabezas que lo hunde. Igual que a cualquiera de nosotros, nuestros defectos de carácter son los que nos hacen daño.

Conocernos a nosotros mismos desde la honestidad es la única manera de autoaceptarnos, de empezar por fin a relacionarnos con nosotros mismos, no con la imagen que hemos inventado, sino con lo que somos, con todo y los defectos. La aceptación es mágica y la autoaceptación es liberadora.

Es aceptar cómo las herramientas que nos sirvieron para sobrevivir en un momento se convirtieron en defectos de carácter. Por ejemplo, ¿qué hubiera sido sin la negación dentro de la realidad de un sistema familiar adictivo? ¿Un niño puede manejar todo lo que se vive en estos sistemas? Lo que se descubre en este Cuarto Paso es que, precisamente, esas "muletas" que nos ayudaron a sobrevivir serán después el obstáculo que no nos dejará caminar.

Para trabajar en este Paso se hacen cuatro listas de la siguiente manera:

1. Resentimiento

Persona	Causa	En qué me afecta	Cuál fue mi parte

2. Miedo

Persona	Causa	En qué me afecta	Cuál fue mi parte

3. Otros sentimientos

Persona	Causa	En qué me afecta	Cuál fue mi parte

4. Inventario miscelánea (relaciones, vergüenza, sexo, etc.)

Persona	Causa	En qué me afecta	Cuál fue mi parte

5. Virtudes

Persona	Causa	En qué me afecta	Cuál fue mi parte

Toma un cuaderno, analiza y escribe lo referente a estos aspectos tomando en cuenta el formato anterior. Para esto revisaremos a qué se refiere cada uno de los conceptos.

Resentimientos: Tenemos resentimientos cuando revivimos los sentimientos, cuando somos incapaces de desprendernos de ellos, cuando no podemos perdonar ni olvidar algo que nos ha molestado. Explorar nuestros resentimientos nos ayuda a identificar las formas en cómo nos poníamos cuando los demás nos decepcionaban. Hacer nuestro inventario pone al descubierto patrones de conducta que nos mantenían atrapados en un ciclo de ira y autocompasión.

Miedo: Muchos autores coinciden en que tal vez uno de los sentimientos más comunes en el codependiente es el miedo. Nos da miedo que nos hieran, nos da miedo sentir con intensidad, nos da miedo no caerle bien a los demás, nos da miedo tener que pagar el precio, nos da miedo estar solos, nos da miedo no tener bastante de lo que sea (por lo que buscamos lo que queremos de manera egoísta, sin importarnos el daño que causamos en el camino); tenemos miedo de perder lo que tenemos y también de perder lo que no tenemos.

Otros sentimientos: Examinamos nuestros sentimientos porque nos ayuda a descubrir el papel que jugamos en nuestra propia vida. Nos descongela y nos ayuda a saber quiénes somos en verdad.

Inventario Miscelánea: Revisar nuestras relaciones nos ayuda a descubrir de qué forma nuestras creencias y comportamientos desembocaron en relaciones destructivas. Revisar, por ejemplo, qué tanto se ha basado mi comportamiento sexual en egoísmo, cuánto se ha confundido el sexo con amor, qué tanto he utilizado el sexo para llenar vacíos o de qué forma he buscado compulsivamente el sexo, y si estoy cómodo con quién soy. También se revisan las relaciones, otros sentimientos, etc. Esta revisión no es para publicarla en el periódico, sino para crecer y establecer relaciones más sanas.

Virtudes: Es importante que también reconozcamos las cosas que hemos hecho bien y que han tenido una influencia positiva en nosotros y en los demás. Además, nos ayuda a tener una imagen completa de nosotros mismos, no sólo el lado oscuro. También es importante saber qué rasgos de carácter y comportamiento deseamos aumentar en nuestra vida.

REFLEXIÓN Y ANÁLISIS PARA LA SEMANA

1. ¿Has hecho algún trabajo con tu familia de origen? ¿Lo crees necesario después de leer lo anterior?
2. ¿Tienes miedo de trabajar este Paso? ¿Por qué?
3. ¿Qué beneficios piensas que obtendrás al hacer el inventario y por qué no debes de aplazarlo? ¿Cuáles son los beneficios de no aplazar?
4. ¿Qué dones te da el hecho de aceptar tus defectos?
5. ¿La información de este capítulo te puede ayudar a convertirte en una mejor persona? ¿De qué manera?

Humildad y honestidad sobre mis defectos
QUINTO PASO

Admitimos ante Dios, ante nosotros mismos y ante otro ser humano la naturaleza exacta de nuestros defectos.

El Quinto Paso se refiere al reconocimiento que hacemos de nuestros defectos ante un poder superior, ante nosotros mismos y ante otro ser humano, lo que produce un crecimiento espiritual. Ya hemos admitido que tenemos un problema, que necesitamos ayuda y que hay un poder que puede ayudarnos. Con este Paso se logra la actitud que nos regala el don de la humildad, la honestidad, la autoaceptación y el perdón, el cual también nos lleva a otra dimensión de la vida.

> Y como otros cambios que he experimentado, no estoy segura hasta qué punto lo hice yo. Me sucedieron gracias a estar dispuesta, a estar abierta y hacerme presente en mi propia vida. La honestidad fue un regalo, y yo participé simplemente abriendo la boca y realizando un intento, torpe, de revelarme a los demás.
>
> MELODY BEATTIE

En este Paso es necesario que soltemos y nos deshagamos de la vergüenza, el miedo, la culpa, los secretos, los sentimientos de inferioridad o cualquier otro que nos pese y atormente. La forma de hacerlo es sencilla pero efectiva: abrir la boca y sacarlo.

Simplemente decimos la verdad, a nosotros mismos, a otra persona (en los grupos de Alcohólicos Anónimos se le llama padrino a esta persona) y a nuestro poder superior, con una actitud de responsabilidad, aceptación y perdón.

Este paso también nos enseña cómo lidiar con la culpa y el miedo. Nos ayuda a reconocer nuestros sentimientos y la capacidad para manejar algunas emociones.

Por ejemplo, a muchas personas nos cuesta trabajo tener una relación verdaderamente honesta con nosotros mismos y con los demás. Es algo nuevo. Podemos ser muy buenos para huir de las relaciones la primera vez que alguien nos dice de verdad quiénes somos. De hecho a la mayoría nos aterra una relación tan íntima. Este Paso nos puede dar la oportunidad de probar este tipo de relaciones en un contexto más seguro, ya que parte de los principios es que no está permitido juzgar.

El admitir mis fallas de carácter habla de que tengo la conciencia de cómo éstos han jugado un papel muy importante para seguir manteniéndome en una situación negativa y poco conveniente. Desde el momento en el que estoy admitiéndolo, significa que estoy empezando a sanarme, porque alguien que no admite sus defectos es una persona que ni siquiera tiene conciencia de quién es y del daño que causa con ellos. E incluso no se da cuenta de cómo estos defectos lo convierten en una persona problemática.

Existe algo mágico y curativo en hablar sobre uno mismo y decir la verdad. Una de las partes más importantes de nuestra sanación consiste en reconectarnos con nosotros mismos, con nuestro poder superior y con otras personas. Ésta es la principal razón del Quinto Paso.

Uno de los más grandes regalos de trabajar en este Paso es que nos permite la autoaceptación, porque nos ayuda a reconocernos como personas con defectos y virtudes y nos brinda la posibilidad de convertir los defectos.

Todos lo seres humanos tenemos la capacidad de hacer mucho bien o, en el caso contrario, causar mucho daño. Tomar conciencia de la manera en que nosotros estamos actuando es muy importante. La diferencia entre hacer bien o mal no está en la naturaleza de la cual estamos hechos, sino de la conciencia que tengamos de nuestros defectos y cómo éstos perjudican a las personas que nos rodean. Otra parte consiste en decidir si lo negamos o lo aceptamos. El decidir negar los defectos es continuar lastimando a los demás. El recurso al final de cuentas es la aceptación.

REFLEXIÓN Y ANÁLISIS PARA LA SEMANA

1. ¿De qué manera daño a los demás cuando no soy honesto(a) conmigo mismo(a)?
2. ¿Alguna vez has practicado hablar sobre ti mismo(a) formalmente? ¿Cuál fue el efecto en tu vida y en tus sentimientos?
3. ¿Actualmente hay alguien con quién necesites hablar? ¿Estás pasando una situación especial (una necesidad, un sentimiento, etc.) que quieres hablar? ¿Hay alguien a quién evitas porque tienes algo difícil que decirle?
4. ¿De qué forma te sirve trabajar el Quinto Paso para establecer nuevas maneras de relacionarte?
5. ¿Por qué crees que debes admitir la naturaleza exacta de tus fallas y no sólo de tus fallas en sí? ¿De qué manera se relaciona la humildad con la visión más realista de ti mismo(a)?
6. ¿Hasta qué punto este Paso te ha ayudado a desarrollar amor y comprensión por ti mismo(a) y hacia los demás?

Aceptación y disposición a eliminar mis defectos
SEXTO PASO

Estuvimos completamente dispuestos a dejar que Dios elimi-nase todos nuestros defectos de carácter.

Dijo Maite: Solamente te voy a platicar lo que me pasó en mi día de ayer; estaba sola en mi cama y sabiendo que me espe-raba un día largo y pesado; amanecí triste al saber que estoy sola enfrentando la realidad de mi vida, que no me gusta. No sé cómo llegué hasta aquí, pero seguramente nadie más que yo misma fue la responsable de estar en este momento de mi vida en el que me encuentro.

A la hora de la comida visité a mi madre y estaba mi hermana; se me retorció el estómago porque ha sido alguien que ha hablado mal de mí y me ha juzgado, al igual que mi madre. Tuve que sa-ludarlas como si no me diera cuenta de todo lo que dicen. Luego me encontré con un galán con quien salía hacía tiempo. Dejé de verlo porque no me trataba bien, ahora él estaba con otra mujer. Se veían contentos. No pude evitar pensar que estoy sola como de costumbre, y sintiéndome incapaz de ser querida.

En la tarde me dediqué a mis hijos y ninguno me dio las gra-cias; claro que me sentí más sola todavía. Y llegué a mi casa a deprimirme; no sé qué tanto me dije.

El camino hacia la buena disposición puede ser difícil. Muchos de nosotros tenemos que batallar con una conducta o un sentimiento antes de estar dispuestos a *dejar ir*. Necesitamos ver, una y otra vez, que la herramienta que alguna vez nos protegió ya no es útil.

Los defectos de carácter pueden ser ciertas conductas de supervivencia que alguna vez nos ayudaron a lidiar con la gente, con la vida y con nosotros mismos, pero que ahora nos están metiendo zancadillas y ya es tiempo de estar dispuesto a apartarlos.

No creo que nadie actúe de cierta manera porque esté defectuoso, actuamos así porque estamos heridos. "No sé si son defectos de carácter o mecanismos de defensa", dice Pia Mellody.

¿Qué buscamos en este Paso? ¿Qué defectos nos disponemos a pedirle a Dios que nos ayude a eliminar? ¿Qué nos disponemos a soltar? Entre algunas cosas, por ejemplo:

- La manera de depender de las personas
- La forma de controlar
- El chantaje
- El coraje
- La depresión
- La necesidad de rescatar
- La desesperación
- El miedo
- Los sentimientos bloqueados
- Las creencias negativas

Es decir, soltar todo aquello que nos daña y que daña a las personas que nos rodean. Terminar con nuestra necesidad de rescatar y cuidar en exceso. Soltar nuestros miedos a ser controlados, los cuales en muchos de nosotros son tan fuertes como nuestro deseo de controlar al otro. Estar dispuesto a dejar de permitir que otros controlen nuestra vida y evitar el control sobre los demás. Permitir ser curados de la creencia de que no somos suficientemente capaces y de que no podemos cuidarnos bien, etcétera.

En lo personal, creo que este Paso consiste en darle el banderazo a mi poder superior para que actúe en mi vida. Significa quitar mis manos (lo cual yo decido en mi libre albedrío) para que Dios ponga sus manos.

Este Paso es una decisión, pero también una actitud de humildad, honestidad y confianza que nos ayuda a trabajar en la fe.

Lo que hacemos en este Paso es muy parecido a lo que hicimos en los dos primeros. Debemos admitir que nos ha derrotado una fuerza interna que produce dolor en nuestra vida y después aceptamos que necesitamos ayuda para tratar con esa fuerza. Debemos admitir por completo el hecho de que no podemos eliminar nuestros propios defectos y tener la disposición de que nuestro poder superior nos ayude con eso que no podemos.

Aunque no seamos conscientes de ello, el resultado de dejarse llevar por un defecto de carácter es un impedimento para nuestro crecimiento espiritual.

Estar completamente dispuestos es acceder a un estado espiritual en el que no sólo somos conscientes de nuestros defectos, de lo cansados y hartos que estamos de ellos, sino que, además, tenemos una actitud de humildad de estar dispuestos a reconocer y a cambiar responsablemente, confiando en que nuestro poder superior nos ayudará.

Date cuenta de cómo nuestro poder superior nos da nuestro libre albedrío y de que lo que se nos pide en este Paso es que confiemos en su plan y quitemos las manos para que él actúe; sólo nos pide estar dispuestos a aceptar la ayuda.

Ten fe. Confía en que se te está preparando para *dejar ir* lo que ya no te es útil. Confía en que una *operación a corazón abierto* se está realizando en ti.

REFLEXIÓN Y ANÁLISIS PARA LA SEMANA

1. ¿Cuáles son las creencias, sentimientos y comportamientos difíciles con los que estás luchando en este momento?
2. ¿Crees que tienes en lo más profundo de tu corazón algún defecto que no se puede eliminar? ¿Cuál? ¿Por qué crees que no se puede eliminar?
3. ¿Sería diferente tu vida si creyeras que puedes simplemente relajarte, soltar y dejar que este proceso de cambios suceda?
4. Haz una lista de todo lo que te gustaría que fuera modificado en ti. Incluye las cosas que ya no quieres hacer y las que quieres comenzar a hacer, el trabajo que quisieras realizar con tu familia de origen. Pon todo lo que quisieras que fuera parte de tu futuro. Luego guarda la lista y suelta todo lo que escribiste ahí.

Humildad para ser liberado de defectos
SÉPTIMO PASO

Con humildad le pedimos a Dios que nos liberase de nuestros defectos.

Este Paso es mucho más que hacer un pedido al poder superior y esperar una respuesta. Es necesaria una preparación espiritual, llegando a la comprensión de lo que significa "humildad", para estar abiertos en este contexto y buscar la forma adecuada de pedirlo de una manera que coincida con el camino espiritual personal de cada quien. Además es necesario practicar los principios espirituales en lugar de los defectos de carácter.
Este Paso se divide en dos:

A. Humildad
Con el trabajo de los Pasos, hemos ido quitando capas de negación y ego. Los seis primeros Pasos nos llevaron precisamente a revisar nuestras responsabilidades. Con ayuda de la humildad tomamos conciencia de nuestra condición humana, lo que nos lleva a una comprensión honesta de nosotros mismos. Ahora me puedo ver con unos ojos más realistas y no con los

ojos del ego que me muestran quién quiero ser; pero no quien soy. La humildad me ayuda a descubrir por primera vez que en realidad sólo somos seres humanos que intentamos hacer las cosas lo mejor que podemos; eso es ser profundamente comprensivos.

Y cuando me veo con esos ojos puedo conmoverme. Eliminar el miedo.

En este Paso es seguro que tengamos que hacer algo más que limitarnos a pedir que nos quiten los defectos; debemos tomar algunas medidas prácticas para abrirle paso a nuestro poder superior para que actúe en nuestras vidas. No podemos decirle a Dios que nos quite un defecto y después aferrarnos a ese defecto con todas nuestras fuerzas y con mi ego, y volver a decir: "Yo estoy bien".

Mientras mayor sea la distancia que mantengamos respecto a nuestro poder superior, menos sentiremos su presencia y menos sabremos qué hacer.

¡Quítate de en medio! En el Sexto Paso aprendimos a ser conscientes de nosotros y conservamos esa conciencia, pero añadimos la de un Dios que está actuando en nuestra vida. Puedo ver sus señales y no actuar solo; tengo una conciencia más amplia y que puede entender los significados y los mensajes de la vida y los de un poder superior que actúa a través de la vida misma.

B. Principios espirituales

La espiritualidad no se ejercita si nosotros seguimos dándole más peso a nuestro ego. Si sólo escuchamos a nuestro ego, vamos a caminar en la vida como todos los demás seres humanos, escuchando a nuestra mente limitada. No estamos solos en este planeta y nuestro plan no es el único ni el mejor. Este Paso nos pide practicar los principios espirituales para caminar en la vida no solos y egocéntricamente, sino comunicándonos con la vida, leyendo señales de un plan superior, y ¡tenlo por seguro!, tal vez ese plan no esté limitado y nos lleve a un mayor crecimiento personal y espiritual.

El principio espiritual más importante en este Paso es la humildad. El no interponernos en el camino de nuestro poder superior.

Las cosas que hacemos para sostener y nutrir nuestro espíritu se vuelven hábitos; hasta el elegir constantemente la manera de enfocar lo que sucede en nuestras vidas. Dejamos de refunfuñar por las pequeñas dificultades como si fueran grandes tragedias, y somos capaces de seguirnos amando, independientemente de lo que nos depare la vida.

Confía. Hay un plan más sabio.

Lo único que tenemos que hacer es luchar por una actitud de disposición y humildad, lo único que tenemos que hacer es pedirle a Dios lo que queremos y necesitamos, y luego confiar en que Él hará por nosotros lo que nosotros no podemos hacer y no tenemos que hacer por nosotros mismos.

REFLEXIÓN Y ANÁLISIS PARA LA SEMANA

1. ¿Cómo se aplica la humildad a tu cambio?
2. ¿Cómo aplicas tu principio de rendición para quitarte de en medio?
3. Si tienes duda de qué defectos de carácter trabajar en este momento, pon en práctica el Séptimo Paso para que se te muestre qué asuntos de tu vida mejorarían con este Paso y el sexto.
4. Este Paso nos habla de que la espiritualidad no se ejercita si seguimos dándole más peso a nuestro ego. ¿De qué manera crees que le estás dando más peso? ¿Con qué actitudes? ¿Y con qué conductas?
5. La palabra más importante de este Paso es "humildad". ¿Para ti qué significa la humildad? ¿Disposición? ¿Apertura? ¿Actitud de aprendizaje?
6. Cuando en este Paso se habla de humildad, como el "no meternos en el camino", o dicho de otro modo, el "no imponer mis deseos",

o como el "aceptar un plan superior", ¿a ti en qué te ayuda para tu vida y tu proceso personal?

7. Visualízate cómo te gustaría ser, visualízate haciendo y siendo todo lo que te gustaría ser; luego suéltalo. Regresa al presente y afirma que es bueno ser quien eres, y asegura tu autoaceptación y el amor a ti mismo en el presente. ¡No hay más! Disfruta de esta sensación de paz

8. ¿De qué manera el Séptimo Paso te induce a una sensación de serenidad?

Reconocer el daño
OCTAVO PASO

Hicimos una lista de todas aquellas personas a quienes había-
mos ofendido y estuvimos dispuestos a reparar el daño que les
causó.

Mario comentó: Cuando leí por primera vez el Octavo Paso, lo
entendí mal, y pensé que decía: hacer una lista de todas las personas que me habían hecho daño. A lo que Cristina añadió:

> Sé lo que Mario sintió porque a mí me pasó lo mismo cuan-
> do yo empecé a trabajar conmigo misma; entendí que debía ha-
> cer una lista de las personas que me habían hecho daño porque
> traía mucho dolor y tenía muy claro quiénes eran y de qué ma-
> nera me habían dañado; apenas estaba empezando a encontrar
> un poco de consuelo al trabajar mis pasos, cuando me encuentro
> con el Octavo Paso, y fue entonces cuando no pude creer que
> estaba leyendo lo que decía. ¿Yo dañé a alguien? ¿A quién? ¿Qué
> no cuenta todo lo que me dañaron a mí?

El Octavo Paso no es para castigarnos ni para castigar a
nadie; su objetivo es liberarnos.

No es un cacería de brujas, simplemente recuerda que el
perdón al otro y a uno mismo es lo más liberador que hay.

Empezamos haciendo una lista de las personas a quienes hemos hecho daño en nuestra vida mientras luchábamos por sobrevivir. Déjame te digo algo: probablemente en tu lista de daños te vas a dar cuenta de que a la primera persona a la que más has herido es a ti mismo.

A menudo tenemos la tendencia a sentirnos culpables acerca de todo; esos son sentimientos de culpa gratuitos, el escribirlos nos ayudará a aclarar si nos estamos castigando con o sin razón. Pero necesitamos estar abiertos a sanarnos a medida que trabajamos este Paso, sacándolo todo y poniéndolo sobre el papel para que podamos sanarlo. Una vez que hemos hecho la lista, nos disponemos a reparar los daños con todas las personas que aparezcan en ella, porque así es como nos sanaremos.

Reparar el daño no significa sentirse culpable o avergonzado y castigarse uno mismo, significa que nos traguemos nuestro orgullo y nuestra negación.

Asumimos la responsabilidad de nuestras conductas. Dejamos los resentimientos, los miedos, la culpa y la autoagresión a un lado, y tomamos la responsabilidad, la honestidad y la humildad para identificar a las personas que hemos dañado.

REFLEXIÓN Y ANÁLISIS PARA LA SEMANA

1. ¿Por qué no basta decir *lo siento* para reparar el daño causado a otras personas?
2. ¿Crees que debes reparar el daño con personas que también te han herido? ¿Qué debes hacer para poder estar dispuesto a hacer esas enmiendas?
3. ¿Por qué consideras que el Octavo Paso es importante para determinar la naturaleza exacta de tus faltas? ¿Por qué es tan importante que tengas clara tu responsabilidad?
4. ¿Cómo te ayuda el pedir ayuda a un poder superior para tener buena voluntad?

Reparar el daño y adquirir la responsabilidad para no volverlo a cometer
NOVENO PASO

Enmendamos directamente el daño causado a aquellas personas siempre que nos fue posible, excepto cuando, al hacerlo, podíamos perjudicarlos a ellos o a otros.

Lo que realmente estamos haciendo con la reparación del daño cometido es asumir la responsabilidad de nuestra conducta.

Cuando reparemos daños necesitaremos ser claros acerca de la causa por la que estamos ofreciendo disculpas. Aquí cuenta la honestidad, el ser abiertos y el estar dispuestos; en paz y armonía podemos esforzarnos por poner en claro nuestras relaciones.

Merecemos estar bien y en paz con nosotros mismos y con los demás. No estás menoscabando tu autoestima al hacer esto, la estás mejorando.

Gracias al trabajo de los Pasos anteriores podemos volvernos más honestos, menos egoístas y rencorosos, es decir, preocuparnos más por los demás.

Pero ni siquiera cambios tan profundos pueden durar para siempre, por lo que necesitamos vigilarnos, cuidarnos. Debemos seguir haciendo todo lo que hemos hecho hasta ahora para seguir en el camino de la recuperación. Necesitamos prestar atención a nuestras acciones y determinar si nos benefician o nos perjudican. También debemos observar la manera en que nuestros actos pueden afectar a los demás.

El Noveno Paso nos ayuda a tomar conciencia (y mantenerla) de lo que sentimos, pensamos y hacemos.

Es muy importante seguir haciendo un inventario personal hasta que se convierta en una disciplina. Así como todos los días nos disciplinamos para trabajar o para hacer ejercicio, así también todos los días nos disciplinamos para contactar con nosotros mismos, a interiorizar y revisar nuestro día.

En la primera categoría de las reparaciones que debemos hacer están las personas que nos han dañado, luego sigue la de las personas a quienes hemos dañado (a veces suelen coincidir estas dos categorías; tú barre tu pedazo de la calle), por último en la que estamos nosotros mismos, para, finalmente, poder perdonar y perdonarnos.

REFLEXIONES Y EJERCICIOS PARA LA SEMANA

1. ¿Ya has hecho reparaciones con alguna persona? ¿Qué sentiste?
2. ¿Cuál es tu culpa más grande en este momento? Practicando los pasos que hemos revisado, ¿cómo puedes liberarte de la culpa?
3. Escribe cómo te gustaría que se resolviera el problema o qué te gustaría estar sintiendo.
4. Escribe una carta a ese niño interior que llevas dentro para apoyarlo, consolarlo y protegerlo, para que sienta que todo está bien. Si escuchas que algo necesita tu niño interno, actúa y dáselo. Por ejemplo, tal vez necesite consuelo, apapacho o afirmaciones positivas. Dale lo que necesita.

Tomar conciencia
y tener actitud de admisión
DÉCIMO PASO

Continuamos haciendo nuestro inventario personal, y cuando nos equivocamos lo admitimos rápidamente.

No sé si él esté pensando en mí como yo en él. Es verdad que la relación terminó hace casi tres años, pero en ocasiones nos hemos encontrado y algunas veces hicimos el intento de regresar. Sé que es mejor que no piense en él, pero lo estoy haciendo. He salido con otros y en verdad no han significado nada para mí. Todo el tiempo pienso en él, aunque ya no me busque. Tengo muchos años trabajando con mi apego, pero no he podido olvidarlo.

JOHANA

Este Paso nos ayuda a voltear hacia nosotros mismos y preguntarnos: ¿cómo estamos?, ¿qué nos pasa?, ¿qué me disparó esa obsesión? Es importante identificar qué sentimiento contactamos, estar más conscientes de nuestras conductas y saber a dónde nos llevan si no las controlamos.

Este Paso habla de la constante relación con nosotros mismos, lo cual implica un proceso muy hermoso por lo que representa estar con nosotros mismos, hablarnos de nuestros sentimientos y apoyarnos para cuidarnos. Nos ayuda a ver que aunque tengamos tiempo trabajando en estar mejor, de todas maneras podemos seguir teniendo que trabajar con nuestras conductas o nuestros pensamientos y que necesitamos darnos cuenta y admitirlo.

El Décimo Paso es una herramienta que nos permite continuar conscientes de nosotros mismos en lugar de fijarnos en los otros. Nos ayuda a tratarnos de una manera funcional y que nos otorga aceptación. De una manera que no conocíamos, pero que nos nutre, independientemente de si nos equivocamos o no.

Nos ayuda a crecer, a respetarnos y a cuidarnos en una forma sana ante nosotros y ante los demás, admitiendo lo que no hemos hecho bien.

Como vemos, este Paso nos hace repetir gran parte del trabajo hecho en el Cuarto y Noveno Pasos, aunque de forma más breve. Este Paso está diseñado para tomar conciencia —y mantenerla— de lo que sentimos, pensamos y, muy importante, de lo que hacemos.

De nada sirve hacer una lista de sentimientos sin escribir a continuación los actos, pues es probable que muchas veces nos sintamos muy mal, aunque nos estemos comportando bien o viceversa.

Este Paso permite identificar cuándo nos hemos enojado con nosotros o hemos comenzado a abandonarnos, a olvidar nuestros sentimientos y necesidades. Nos permite soltar estos sentimientos y avanzar hacia un amor propio y de crecimiento.

Nos ayuda a ver cuándo nos estamos desviando del camino, de manera que podamos volver a él.

Qué bueno tomarme unos minutos al día y observar y gozar de lo que hemos hecho bien, y ver nuestros avances y en lo que queremos trabajar, para luego sentirnos satisfechos con eso.

REFLEXIÓN Y ANÁLISIS PARA LA SEMANA

1. ¿Crees que estás preocupándote de más otra vez? ¿Has vuelto a sentir temor y vergüenza? ¿Te estás contactando contigo mismo(a)?
2. Confirma tu relación contigo. ¿Qué quieres? ¿Qué necesitas? ¿Estás permitiéndote sentir? ¿Estás haciendo lo que te hace sentir bien?
3. ¿Te has dado el tiempo de escucharte y escuchar para no guiarte por el ego?
4. ¿Crees que un poder superior puede mostrarte cómo vivir y seguir su voluntad?
5. ¿Ves en tu vida actual viejos patrones de conducta? ¿Cuáles?
6. ¿Sigues dispuesto(a) a cambiar?
7. ¿Cuál es tu estrategia para trabajar este paso? ¿Qué es lo que haces diariamente? ¿Te sirve? ¿Qué te aporta?

Oración y meditación
DECIMOPRIMER PASO

A través de la oración y la meditación buscamos mejorar nuestro contacto consciente con Dios, tal como lo concebimos, pidiéndole solamente conocer su voluntad para con nosotros y que nos dé la fortaleza para cumplirla.

Este Paso reconoce que somos seres espirituales y que si no hemos trabajado nuestra espiritualidad hay caminos para hacerlo. Estos dos caminos son: la meditación y la oración.

El Decimoprimer Paso habla de fortalecer la relación con Dios y nos da la oportunidad de encontrar ese camino espiritual. Nos conduce y nos guía a través de la vida y nos enseña a escuchar y a hablar con nosotros mismos y con nuestro poder superior.

Personalmente, no sé en qué momento comencé a trabajar este paso en mi vida, más bien creo que fue él quien empezó a trabajar conmigo. Inicié con pequeñas palabras de agradecimiento, con pasos muy pequeños, y luego comencé a trabajar otra parte importante de este Paso: aprender a confiar en la voluntad y el plan de nuestro poder superior para nuestra vida, y darme cuenta de que este plan incluía cuidarme y amarme.

De todas la relaciones que aprendemos a reconstruir durante esta etapa, creo que la relación con uno mismo y nuestro poder superior es la más importante, ya que es el fundamento del resto. Las demás relaciones vienen a ser como la cereza en el pastel; pero la relación constante con nuestro Poder Superior y con nosotros mismos es el principio que orienta nuestros pasos al caminar. De hecho esta relación con nuestro poder superior nos llevará a una relación amorosa, cercana e íntima con nosotros mismos. Y lo inverso también es cierto. Una relación íntima y cercana con nosotros mismos nos acercará a nuestro poder superior.

Mucho de lo que aprendemos con esta nueva manera de ser es estar conscientes de que nuestras relaciones con los demás no dirigen nuestro camino, de que son una compañía, pero que no debemos darles más poder que el nuestro propio, eso no funciona. Existen fundamentos mucho más fuertes que guían una existencia.

A. Oración

Somos libres de comprender a nuestro poder superior como elijamos; nadie nos puede obligar a ello. Lo que es común para todos en este paso es el hablar al poder superior de nuestra comprensión mediante la oración, y luego pedirle que nos enseñe su voluntad y que nos ayude a cumplirla.

Orar es hablar con nuestro poder superior. Meditar es escucharlo. Una oración puede ser sólo una palabra o un pensamiento. Una oración puede ser una carta a nuestro poder superior o una oración tradicional. Somos libres de orar de cualquier manera que nos plazca y en cualquier momento del día, ya sea por escrito o hablando.

Hay algunos días en que no nos sentimos conectados con nosotros mismos, con los otros o con nuestro poder superior. Esos días nuestras oraciones son sólo palabras, pero existen otros días en que fácilmente podemos contactar a nuestro poder superior y hablarle de nuestros sentimientos, anhelos y temores.

Me sucede como cuando hablo con un amigo, a veces estamos de buenas y otras peleamos, pero siempre podemos hablar y sabemos que si nos estamos peleando entonces la comunicación fluye muy fácilmente.

B. Meditación

Existen diferentes formas de practicar la meditación. Si no conoces alguna técnica o no practicas ningún tipo específico de meditación, puedes elegir uno de los muchos libros que hay sobre el tema; escoge el que más te convenza y que te facilite la actividad. Puedes meditar escuchando audios, repitiendo mantras, con la simple contemplación, visualizando, etcétera.

Adriana, por su parte, comenta:

> Estaba furiosa con la religión tradicional. Verdaderamente no confiaba nada en ella. Y todo lo que sus dirigentes dijeran levantaba en mí una barrera. Pero descubrí que mi rabia con la religión me alejaba de cualquier posibilidad de expresión espiritual, y la única que perdía era yo.

Como sea y cuando sea, la meta de la meditación es acallar la mente y los pensamientos, relajarnos, contactar nuestro centro y estar en paz y cercanos a un poder superior y con nosotros mismos; nos liberamos del ego, de la tensión y el miedo que con frecuencia nos acompaña.

Yo pensaba que la meditación era una pérdida de tiempo, estaba tan ocupada que me costaba mucho trabajo tomarme unos minutos y relajarme. Sentía que estaba perdiendo el tiempo. Ahora me he dado cuenta de que estaba equivocada.

En ese sentido, la misma Adriana ha rectificado su camino en la espirutualidad: "He encontrado un camino espiritual mediante el chamanismo y la meditación Zen. En este camino estoy descubriendo a profundidad mi propia espiritualidad".

La meditación y la oración son poderosos instrumentos de recuperación, funcionan. No es razonable esperar que en el momento de la meditación escuchemos la respuesta a lo que estamos buscando como si fuera una revelación. No es razonable esperar una respuesta instantánea a nuestra oración, pero la respuesta vendrá. Si hemos hecho nuestra parte meditando y rezando, sólo nos resta esperar; la respuesta vendrá. Existen muchos caminos, por lo tanto la respuesta la obtendrás de la forma menos esperada, a través de una película, una plática o una meditación. Sólo espera y ten fe.

> En la época de mi vida en que yo estaba tocando fondo, me fui un fin de semana con una amiga a un retiro, porque acababa de vivir el día más doloroso de mi vida. Yo no sabía muy bien a dónde iba; recuerdo que todo el camino fui llorando.
>
> Era un grupo de gente que oraba por los demás (no había problemas de religiones); yo me la pasé orando, y en un momento contacté un dolor muy profundo por la no aceptación de mi madre. Después, a través de una meditación guiada, escuché las palabras que necesitaba oír: "tu mamá fue un instrumento para que tú llegaras aquí; recibe el amor que te falta de mí, yo te quiero para un propósito más grande; sólo me valí de tu madre para que tú nacieras; quiero que sepas que tengo la apuesta hecha por ti, no te preocupes de nada".
>
> Después de esto me vino la paz. La paz con mi pasado, la paz conmigo misma y creció mi relación con mi poder superior.
>
> CRISTINA

Poco a poco aprendemos que podemos *dejarnos llevar* y que también podemos confiar. Que somos parte del fluir de la vida. Y, sobre todo, que si estamos comunicados con nuestro poder superior y con la voluntad de Dios, sabremos qué hacer y cuándo deberemos hacerlo. No temas. Mientras podamos cuidar de nosotros sin otorgarles a otros ese poder, mientras podamos fluir naturalmente, comprenderemos qué debemos hacer cuando estemos listos. No antes ni después; no te preocupes.

REFLEXIÓN Y ANÁLISIS PARA LA SEMANA

1. ¿Tienes o estás comenzando a desarrollar la disciplina de la oración en tu vida? ¿Cómo lo haces? ¿Cuáles son tus sentimientos y temores respecto a la oración?

2. ¿Cómo es tu disciplina para orar? ¿Tienes una hora en específico? ¿Todo el día?

3. ¿Qué te ayuda a meditar? ¿De qué forma meditas?

4. ¿Qué otras actividades te ayudan a relajarte y ponerte en contacto contigo mismo(a)?

5. La siguiente vez que sientas estrés, en vez de exigirte más, deja de hacer lo que estás haciendo y encuentra una forma de contactarte y centrarte. Si estás en tu trabajo cualquier rincón te puede servir. Respira hondo y profundo con tu estómago, permite que la paz y la tranquilidad entren a tu cuerpo. Date la oportunidad y el tiempo que necesites.

Compartir el mensaje
DECIMOSEGUNDO PASO

Habiendo obtenido un despertar espiritual como resultado de estos Pasos, tratamos de llevar este mensaje a otros codependientes y de practicar estos principios en todos nuestros actos.

> Me ha dolido mucho ver que mi familia sigue igual. Es como si yo hubiera alcanzado a cruzar un puente y detrás de mí éste se hubiera derrumbado y mi familia se hubiera quedado del otro lado... ¿Qué no hay nada que yo pueda hacer sin riesgo de hundirnos todos juntos?
>
> RUTH

Este paso nos dice que ya habiendo tenido un despertar espiritual, tratemos de llevar el mensaje a los demás. Este mensaje debe ser de esperanza, de amor, de consuelo, de un modo de vida mejor que sí funciona.

¿Cómo podemos ayudar? Esta es la pregunta del millón. La respuesta es muy clara: no rescatando, no controlando. Al no volvernos rescatadores de la causa de la recuperación, llevamos este mensaje haciendo nuestro propio trabajo, tratando de convertirnos en una demostración de esperanza, de consuelo y de cuidado de uno mismo. No esperando convertirnos en seres humanos infalibles.

Ayuda a que reciban el mensaje, no a que crezca el mensajero.

Entrega el recurso y luego suelta. La vida de los demás no está en tus manos, únicamente está en la de ellos mismos. Ayuda, pero no rescates.

El recurso para ayudar puede ser un libro, una palabra, compartir uno de los Doce Pasos, entre otros.

Cuidar a los demás y controlarlos no son formas de ayudar. Reformar o convencer a los demás tampoco funciona.

A veces es difícil soltar a las personas a quienes amamos. Algunos queremos llevar con nosotros a nuestros seres queridos en este viaje (pero no podemos). Esa decisión no es nuestra. A la única persona a quien podemos rescatar es a nosotros mismos.

Cada quien tiene su propio camino.

Nuestro papel al ayudar no es hacer las cosas por la persona a quien estamos tratando de ayudar, sino humildemente platicarle cómo le hemos hecho nosotros y qué resultados obtuvimos.

Después practicamos estos nuevos comportamientos y los Pasos en todas las áreas de nuestra vida.

Este Paso también habla del despertar espiritual, de aprender a vivir la vida en un plano espiritual, de queeste viaje nos llevará a lugares a donde jamás planeamos ir. Tendremos vivencias que nos darán un sentido y que nos ayudarán a resolver aspectos importantes de nuestra vida.

En el camino seremos atraídos por personas y eventos significativos que nos ayudarán a aprender. Y muchas de esas experiencias no serán lo que habíamos planeado, pero luego nos daremos cuenta de que había una lección importante detrás de esa vivencia. Y de que la manera de asimilarlo era diferente. Y también nos daremos cuanta de que cada una de las vivencias era importante para moldearnos y convertirnos en lo que ahora somos, las cuales nos ayudan en nuestro camino para saber a dónde vamos.

Nos daremos cuenta de que el cambio ha llegado profundo, más profundo de lo que tú mismo esperabas.

El viaje, lo sé, no ha sido fácil. Ha sido bueno, pero no fácil. A veces las cosas no se dan como queremos. Pero se dan como tienen que darse. Confía en que este viaje tiene dirección hacia una mejor vida.

REFLEXIÓN Y ANÁLISIS PARA LA SEMANA

1. Describe tus sentimientos al llevarle el mensaje a los otros.
2. ¿Cómo has empezado a llevar los principios de recuperación a otras áreas de tu vida, más allá de tus relaciones más cercanas? ¿En qué áreas de tu vida quieres aplicar los Pasos? Tal vez quieras convertirlos en metas y ponerlos por escrito.
3. ¿Cómo has crecido espiritualmente desde que empezaste tu recuperación?
4. ¿Cómo te relacionas con tu poder superior?

Perdón

Nosotros mismos hemos inventado el mundo que vemos.

El perdón es la elección voluntaria de ver las cosas de otra manera.

El mundo que vemos no siempre es la representación de pensamientos amorosos. Puede ser un lugar donde todo se ve agredido y es cualquier cosa menos un reflejo del amor. Pero son mis propios pensamientos de ataque los que dan lugar a esta imagen. Y yo puedo renunciar a estos pensamientos.

La sanación consiste en proponerme no ver con mis propios ojos, sino con los ojos del amor.

Cuando elegimos el resentimiento, en vez del perdón nos alejamos de un plan más sabio y más liberador.

El amor y el perdón son una decisión voluntaria.

Nosotros cambiamos nuestra vida cuando vemos las experiencias vividas de otra manera. La herramienta más funcional para cambiar el mundo es la capacidad para modificar nuestra mentalidad. Para Jampolsky, por ejemplo, "Nuestro estado interno determina las experiencias de nuestra vida, y no nuestras experiencias las que determinan nuestro estado interno".

Yo te pregunto, ¿qué es más difícil, perdonar al otro o perdonarnos a nosotros mismos porque nuestra vida no ha resultado como esperábamos? El testimonio de Cristina tal vez nos dé luces sobre esta problemática:

Una vez leí que: "El perdón al otro en el fondo es el perdón a uno mismo". Tardé 20 años en entenderlo. Desde mi adolescencia no pude comprender a mi madre; ella no era la mamá que yo hubiera querido tener, ni remotamente se le parecía. Mi madre sentía envidia, y desde ahí hizo mucho daño. Fui a muchos cursos de perdón. Hasta que un día volví a leer esta frase. Y entendí que yo tampoco era la hija que ella esperaba y que las expectativas matan. Acepté la realidad. Ella era simplemente la mamá que podía ser... Yo no podía cambiarla. Me perdoné a mí misma porque no logré ser para ella lo que yo hubiera querido. En el fondo, perdonar a mi madre significaba perdonarme a mí por no haber logrado su aceptación, que tanto necesitaba. Perdonarme a mí por no haber tenido la relación que me hubiera gustado tener con mi madre, y no hay más que decir. Ella está ahí donde tiene que estar, y yo estoy aprendiendo.

Debemos ser capaces de ver a los demás desde la luz y no desde la pantalla de su conducta destructiva, de buscar en el otro aciertos en vez de errores, de centrarme en lo que nos une y no en lo que nos separa. En este sentido, Casarjian escribe puntualmente: "Perdonar es la decisión de ver más allá de los límites de la personalidad, la decisión de ver una esencia pura (creada a semejanza de la perfección), no condicionada por historias personales".

Lo que tal vez se nos pida es que ampliemos nuestra visión más allá de los errores que nuestras percepciones mentales nos revelan —lo que alguien hizo o dijo— para captar el perdón que sólo el espíritu puede darnos.

El perdón radical es una liberación completa del pasado y del enjuiciamiento. Es vivir en el presente.

Si pensamos que nunca vamos a poder perdonar, efectivamente nunca podremos hacerlo. Si pospongo el perdón, éste nunca va a llegar.

Ve al otro como alguien temeroso y siente compasión por

él. No lo veas con los ojos ni lo escuches con tus oídos, míralo y escúchalo con el corazón.

Cuando tú estás bien y ves lo mejor de ti mismo, eso es lo que verás en los otros. Cuando ves lo peor en ti mismo, eso es lo que verás en los otros.

Perdonar no es lo mismo que reconciliarse. Nosotros podemos perdonar y la otra persona nunca saberlo. El perdón es un acto muy personal que requiere de un alto grado de amor propio.

Desde el adulto (no desde la víctima) o desde el perdón veo al mundo con otros ojos, nos vemos a nosotros mismos y a los demás de otra manera. Desde el adulto puedo ver que lo que nosotros consideramos sus errores en ocasiones tiene que ver más con nuestra visión de las cosas.

Separar el dar del recibir no es natural y no nutre, tanto para el que da como para el que recibe, esa separación tiene como resultado el no ver ni experimentar la fuerza interna propia ni la fuerza del amor de los demás. Por lo tanto no nos sentimos alimentados por nuestras relaciones ni nos sentimos cuidados por nosotros mismos.

Cuando damos el perdón, le estamos dando un regalo a nuestra autoestima y experimentamos nuestra fuerza personal. Dejo de ser víctima, nos desapegamos del otro para pegarnos a nosotros, para empezar a "tener un romance con nosotros mismos" y empezar a proyectar eso a los demás. Si nosotros no perdonamos es que seguimos pegados al otro, sin aprender lo que la vida quería enseñarnos.

Creo que el perdón es un acto muy personal sobre el que *nadie* sabe, ni siente, lo que hemos vivido.

Es tan importante el perdón que tiene repercusiones como la siguiente: nuestra madre representa la primera imagen de una mujer y nuestro padre, la de un hombre. La mujer necesita identificarse con su figura femenina (no necesariamente su madre de sangre) para adquirir su sentido de identidad, y con su padre para su relación con sus futuras parejas. En el varón es importante la relación con su padre, porque es lo que le da sentido de identidad.

Imagínate que el destino o la vida estuviera mirándonos y dijera: "Me encantaría proporcionarte una vida llena de alegría, pero es que tu madre fue tan terrible, que tengo las manos atadas para ayudarte". No, no creo que funcionen así las cosas.

Cada decisión es una elección entre un resentimiento y la sanación.

El perdón viene del amor, el temor viene del ego.

De niña yo creía que el perdón era un estado muy profundo y difícil de alcanzar. Yo creía que sólo la gente "iluminada" y "buena" podía lograrlo. Después crecí y empecé a tener historias que me pudieran haber hecho perdonar, pero no sabía cómo hacerlo. Hasta que llegó a mis manos el libro intitulado *Perdonar*, del autor Robin Casarjian, y de ahí saqué mis conclusiones de que perdonar es una decisión, no un estado místico que sólo la gente buena alcanza. El perdón está a la mano de todos nosotros.

Para el ego, el amor puede ser peligroso.

El ego intenta convencernos de que perdonar es algo peligroso y que nos puede convertir en el chivo expiatorio de los demás.

Para el ego, el amor es debilidad y lo vive con miedo.

El ego no ayuda al perdón. Por Jampolsky, por ejemplo, "El ego es una elección en favor del ajusticiamiento. El perdón es la elección entre ver la luz y no la pantalla que la cubre".

Cuando estamos enojados buscamos causas y causantes, o sea culpables, pero lo que pasa en realidad es que nuestros pensamientos o ideas acerca de las cosas son los que nos hacen daño. No se trata de que la otra persona esté bien o no, se trata de soltar. No se trata de ganar, se trata de ser feliz. Y el perdón nos regresa a nuestra paz.

Se trata de desapegarnos y pegarnos a la vida, a dirigirla hacia dónde nosotros queremos. Como diría Jampolsky: "El ego es sólo un pensamiento atemorizante".

REFLEXIÓN Y ANÁLISIS PARA LA SEMANA

1. ¿Tú también creías que el perdón era un estado que se daba sólo en la gente "iluminada"? ¿Cómo te hacía sentir ese concepto?
2. Ahora que escuchas que el perdón es una decisión, ¿se te hace más fácil la posibilidad de perdonar?
3. ¿Por qué crees que el perdón consiste en ver las cosas de otra manera?
4. ¿Hay algo en tu historia a lo cual le puedas cambiar el cristal con que lo ves? ¿Crees que ayuda?
5. ¿Cómo evitar tener pensamientos atemorizantes y de desconfianza que puedan ayudarte a decidir el perdón y el amor a ti mismo(a)?
6. ¿Qué piensas acerca de que nuestro estado interno determine las experiencias externas vividas, y no al revés?
7. De qué forma el ego o nuestra naturaleza mental humana (no la espiritual) influyen en que no podamos perdonar?
8. De qué manera la autoestima y el perdón están relacionados con la habilidad para darte una calidad de vida emocional?
9. ¿Te puedes imaginar (sólo imaginar; es parte del comienzo) en un futuro relacionándote con ese ser humano al cual te ha costado tanto trabajo perdonar? ¿Puedes elegir verlo con otros ojos?

Sexualidad y amor espiritual

En esta época narcisista y egocéntrica, los seres humanos "amamos" sólo de dos maneras: desde la parte física y desde la parte mental. Pero los seres humanos no sólo somos físicos y mentales, sino también espirituales.

Amamos desde la parte física cuando apoyamos la relación en el sexo, en la química, en el contacto, en el atractivo visual y físico, en las sensaciones y emociones; en lo que "el otro me hace sentir".

Amamos desde la parte mental cuando la relación se basa en que la persona "debe llenar todos mis requisitos", cuando es bonita, inteligente, con buena posición social, es decir, en su "forma" me parece perfecta cuando llena mi "ideal". Y como su nombre lo dice, esto es sólo una idea de mi mente.

Pero el amor es espiritual.

Es una cualidad del espíritu que se ejercita.

Se ejercita para poder amar; y al resultado de este ejercicio le llamaremos dones:

El Don de la Vulnerabilidad: Consiste en mostrar mi parte no perfecta para que desde ahí me amen, no desde la imagen que quiero mostrar. La vulnerabilidad es el camino para la intimidad.

El Don de la Aceptación: Para quererte desde lo que eres y no desde lo que quiero que seas. La aceptación es el camino para llegar al amor incondicional.

El Don de la Gratitud: Para poder ver al otro desde su dimensión universal y no desde la limitada visión de mi ego. La gratitud es el camino para la felicidad.

El Don de los Sentimientos: Para que puedas vivir la intimidad y poder tener la empatía de lo que siente el otro y formar vínculos en lugar de relaciones congeladas. Este es el camino para la plenitud.

El Don del Valor:Para poder amar sin sabotear las relaciones y que no nos controle el miedo o el no merecimiento.

Pide el Don de la Confianza, el más grande de todos: Para que crezca tu espíritu y tengas fe en que el amor existe.

REFLEXIÓN Y ANÁLISIS PARA LA SEMANA

1. ¿Has conocido la sexualidad física? ¿Cómo es? ¿Qué te ha regalado a ti como persona?
2. ¿Has conocido la sexualidad mental? ¿Cómo se siente? ¿Qué es lo que te gusta de ella? ¿Qué te aporta?
3. ¿Has vivido la sexualidad espiritual? ¿Cómo es? ¿Qué te regaló?
4. ¿Has vivido el amor espiritual? ¿Cómo te diste cuenta de que era amor espiritual?
5. ¿Crees que existan diferentes maneras de amar? ¿Cómo crees que estén involucradas las capacidades espirituales en esto?

Todos tenemos un camino

Todos tenemos un camino que está más allá de los deseos mentales trazados por nuestro ego.

Los seres humanos no fuimos sin más arrojados al azar sobre un mar de rocas. Tenemos una misión.

Todo en el universo es parte del viaje que nos adentra en el miedo o del viajeque nos lleva al amor. Uno y otro se darán en función de nuestra forma de pensar.

Nosotros podemos cambiar la percepción que tenemos de nosotros mismos y de nosotros ante el mundo.

Si pensamos que somos criaturas magníficas, entonces actuaremos así.

En tu nuevo camino deja a un lado al chivo expiatorio, porque lo que esa persona te hizo es sólo la punta del iceberg de la montaña de hielo: abajo del agua está el daño que se hace a sí mismo. Tú sigue tu camino. Lo que está debajo del agua es dolor emocional y por eso daña, es miedo y es falta de amor. Pero ¿realmente quieres separarte de esto? Tú puedes elegir hacerlo. Créelo, no puedes atorarte con las partes dañadas de cuanta gente te encuentres en el camino. Deja ese tiempo atrás.

El perdón es un gran acto de amor propio. Se necesitan muchas ganas de querer hacerse una buena vida, independientemente de las conductas de los demás.

Sabemos que perdón no es reconciliación. Perdón tampoco es convertirme en chivo expiatorio. El perdón es un regalo de autoestima, es un proceso personal donde aprendemos y no nos quedamos como víctimas (el no perdón sí me hace víctima). Es una elección responsable de cómo queremos vivir el presente.

A medida que nos liberamos de los miedos que bloquean el amor que llevamos dentro nos volvemos más espirituales y entramos dentro de un plan mejor.

El pasado y el futuro no existen. El pasado ya se fue y el futuro no ha llegado y tal vez no llegue. Lo único verdaderamente real es el presente. Esto nos puede volver más fácil la vida y, sobre todo, más real. En este sentido, M. Williamson tiene mucho qué decir:

> Todo tu pasado, excepto su belleza, ha desaparecido, y no queda ni rastro de él, salvo una bendición [...] El único significado de cualquier cosa que pertenezca al pasado es que nos trajo aquí, y tal es el honor que merece. Lo único que es real en nuestro pasado es el amor que dimos y el que recibimos. Todo lo demás es ilusorio. El pasado no es más que una idea que tenemos. Todo está literalmente en nuestra mente.

Lo que tienes es un presente que puedes liberar de lo sucedido. Lo que tienes es un camino que puedes empezar a andar practicando el contacto consciente contigo mismo; lo que tienes es una vida y ciertas oportunidades. Toma tu presente, tu camino y tus oportunidades y continúa de la mejor manera posible. Para M. Williamson, por ejemplo, "La sanación se debe producir en el presente, no en el pasado. Lo que nos ata no es el amor que no recibimos en el pasado, sino el que no nos hemos sabido conseguir en el presente".

Pero si no sabemos cómo forjarnos una buena vida y ocultamente creemos que no la merecemos, no vamos a tener el suficiente amor para perdonarnos ni perdonar nuestro pasado y a los demás, y poder así seguir en nuestro andar.

Si no he logrado hacerme un buen presente me va a ser más difícil perdonar mi pasado. Pero si he logrado construir un buen presente, entonces se puede hablar de que tengo mucho amor propio y recursos para hacerme una buena vida.

Si sabemos forjar un buen presente, tendremos el amor suficiente para perdonar el pasado. Dicho de otra manera, si somos felices significa que tenemos la suficiente autoestima y amor propio para darnos algo mejor y soltar el pasado, permitiéndonos seguir el camino a nuestra misión.

Podemos aprender a amarnos tal vez como no nos amaron en el pasado. De ahí que sea tan importante tener paz interior, según Jampolsky: "Elijo estar en paz por dentro y orientarme hacia ello, a pesar de lo que suceda afuera".

Lo que nos queda, entonces, es el presente, que es en realidad el único momento en que sucede la vida.

Toma cada situación en que te encuentres como una oportunidad perfectamente planeada para mostrar el amor y vivir, en vez de temer o huir.

No existe mayor don que el de dar lo que no recibimos.

Podemos amarnos con el suficiente amor incondicional, la suficiente intimidad. Podemos aprender a amarnos haciéndonos un buen presente, perdonándonos más que juzgándonos.

No existe mayor amor por uno mismo que el que mostramos al hacernos una buena vida....

REFLEXIÓN Y ANÁLISIS PARA LA SEMANA

1. El pasado y el futuro no existen, no son reales, no están, sólo el presente. ¿Cómo ayuda a tu salud emocional el saber vivir en el presente?

2. El perdón, visto como una elección y no como algo sólo para "ilumi-
   nados", ¿te ayuda a que sea un poco más fácil de lograr? ¿Por qué?

3. El perdón, visto como un acto de amor propio, ¿te ayuda a que
   te sea más fácil lograrlo? ¿De qué manera? ¿Qué opinas sobre la
   relación entre la autoestima y el perdón?

4. Marianne Williamson dice que el amor que no hemos logrado
   conseguir en el presente nos afecta para no poder perdonar el pasado ¿Cómo te ayuda esto para hacerte un buen presente?

5. ¿Qué tiene que ver la autoestima con hacerte una vida?

6. ¿Qué te dice esta lectura acerca de que todos tenemos un camino?
   ¿Crees que tenemos una misión en este mundo? ¿Qué te dice con
   respecto a tu misión? ¿Cómo te ayuda el pensar que tenemos una
   misión?

Contrato con la vida

Le digo sí a la vida cuando:

- No espero que me trate como una madre sobreprotectora, que si no salen las cosas como quiero me enojo y lo tomo como algo personal.
- Entiendo que la vida es una maestra, una buena maestra que me enseña lecciones en una pantalla cada vez más grande, hasta que aprendo la lección.
- Acepto ser imperfecto(a) y no necesito buscar la perfección para poder quererme.
- Reconozco que hay cosas de mi pasado que no han salido como yo hubiera querido, pero que en el momento hice lo que pude con los recursos que tenía.
- Me acepto con mi historia, con lo que hubo y no hubo, con lo que se dio y no se dio, y me queda un aprendizaje de lo vivido.
- Me quiero a mí mismo(a), separándome de la aprobación de los demás y no restándome amor propio ante la desaprobación de los otros.
- Me quiero a mí mismo(a), independientemente de lo que piensen, sientan y hagan los demás, y si alguien se porta inadecuadamente conmigo, no me resta valor.

- Acepto mis sentimientos sin analizarlos, juzgarlos o negarlos, simplemente les permito ser, porque son parte de estar vivo(a) y evito negarlos.
- Acepto la tristeza al igual que la alegría.
- Admito los adioses y bienvenidas, y cuando sea momento de decir adiós, elijo no tomarlo como abandono. Doy un sí a las bienvenidas, que me regalan la capacidad de estar abierto y de intimar.
- Me permito llorar cuando me es tan difícil aceptar una pérdida.
- Aprendo que la vida no es controlable, que en ocasiones las cosas salen mejor de lo que yo esperaba, que existe un plan mejor que el mío y me desapego de querer que todo sea como yo quiero; y confío en que las cosas resultarán mejores de como yo las había planeado.
- Entiendo que el ser humano no fue abandonado en la tierra ni a su suerte entre fieras; comprendo que la vida se comunica conmigo y que todo tiene un objetivo.
- Decido creer que tengo una misión, una razón de existir.

_____

NOMBRE Y FIRMA

Conclusiones

Nuestros padres son quienes nos dan la vida, pero somos nosotros mismos los que elegimos cómo vivirla.

Cuando no hubo la ayuda suficiente para formarnos una identidad, se pueden dar diversos vacíos, pero lo más importante es saber que estos vacíos tienen que ver con la falta de identidad y con una vida centrada en el físico y la mente aunque totalmente carente de espiritualidad. Cuando se da lo anterior, entonces se va a buscar obsesivamente llenar esos vacíos de diferentes maneras, ya sea con gente y/o con sentimientos disfuncionales.

Entonces se forma una personalidad dependiente-emocional, controladora con características de víctima, con altos niveles de vergüenza y culpa, con tendencia al drama y, sobre todo, con una personalidad con baja autoestima y que se "apega" a los demás.

La manera para sanar esto está muy relacionada con validar los sentimientos, con dejar el rol de víctima, con no rescatar a nadie más que a uno mismo, con no dar todo el poder a los otros.

Se trata de quedarme conmigo mismo, superando el miedo al abandono, queriéndome como soy, aprendiendo a intimar con mi propia persona.

La recuperación se ayuda de los Doce Pasos, que nos regalan la capacidad para dejar de seguir cometiendo los mismos

errores, la capacidad de "desapegarnos" y dejar de querer con-
trolarlo todo. La capacidad para reconocer nuestros defectos
y adquirir así un poco de cordura y de responsabilidad sobre
nuestras vidas y la habilidad para confiar y tener fe en un plan
mejor que el nuestro. La capacidad para reconocer cuando cae-
mos en un error y admitirlo para no volver a caer en la espiral
de la deshonestidad y el daño a los demás. La capacidad para
meditar, para hablar y escuchar a un poder superior y, por último, la capacidad para compartir el despertar espiritual con las
personas que nos rodean, es decir, desarrollar la capacidad de
dar.

Este libro habla también del perdón y de cómo puedo unir-
me con fuerza a ese camino, a ese plan superior.

Con la información compartida en cada semana podrás obtener recursos para enfrentar inteligentemente lo que es parte
de la vida: las relaciones humanas, la relación con uno mismo,
incluida nuestra espiritualidad.

El amor propio, la sanación, la humildad, el valor y la fe
nos van a llevar a otro camino. Son los dones que me ayudarán
a vivir una vida con más calidad emocional.

La fe es la cualidad que nos ayudará a conectarnos con nuestro camino y con la misión que todos los seres humanos tenemos.

Instrumento para identificar relaciones destructivas

¿Quieres cambiar o enseñar a tu pareja cómo debe actuar?

¿Pospones eventos o cosas importantes en tu vida diaria por tu relación?

Tu temor a perder la relación ¿te hace olvidar tus necesidades reales?

¿A veces sientes que tu relación es como una montaña rusa emocional?

¿Sus malos comportamientos o abandonos te acercan?

¿Sus fuertes defectos te estimulan el interés en vez de perderlo?

¿Sientes que debes ayudarle a resolver sus problemas personales?

¿Su conducta está minando tu autoestima?

¿Pasas más tiempo pensando en esa persona que con ella?

¿Es mayor el tiempo que pasas en agonía que el que pasas disfrutando la relación?

¿Te la pasas mejor fantaseando con esa persona que con las vivencias reales?

¿Piensas que va cambiar esos "pequeños" defectos por ti?

¿No puedes disfrutar otras cosas si no es con esa persona?

¿Pasas más tiempo analizando sus problemas que el que pasas comprendiendo los tuyos?

¿En el fondo de tu alma piensas que tal vez esa persona no es la adecuada, pero que basta con que tú sí seas el (la) adecuado(a)?

¿A veces te encuentras en un estado constante de perturbación buscando detalles o claves que te ayuden a entender lo que está sucediendo en tu relación?

¿Se dan grandes pleitos sin solución y luego grandes reconciliaciones?

¿Se dan constantes amenazas de abandono?

¿A veces te notas buscando un problema o provocándolo para no sentir "aburrida" la relación?

¿Te alarmas cuando la relación está en calma?

¿Sientes que se da un estira y afloja donde el ganador es el que se muestra menos vulnerable?

¿En las negociaciones siempre hay un "ganador" y un "perdedor", donde casi siempre gana el mismo y no sabes cómo pedir lo que necesitas?

¿Alguno de los dos está tratando de cambiar o controlar al otro más que de negociar?

¿Las decisiones se mueven por "arriba del agua"?

¿No se da la negociación, más bien son problemas no hablados donde después viene el castigo y gana el más fuerte?

¿En épocas de crisis te cuidas a ti mismo y descuidas o destruyes la relación?

¿Ante el miedo al abandono o a no agradar, provocas una pelea y culpas a tu pareja, lo cual te deja más perturbado(a) y luego reprimes nuevamente tus sentimientos?

¿Cuando te muestras vulnerable, sus actitudes son de ganador?

Bibliografía

Alannos, *Valor para cambiar*, Permiso de A. A. World Services, Inc., E.U.A., 1997.

Barnetche Elia, Barnetche Ma. Esther, *Quiero ser libre*, Promexa, México, 1989.

————, *Libre de adicciones*, Promexa, México, 1991.

————, *El niño interior*, Promexa, México, 1992.

————. *Manual de trabajo o quiero ser libre*, Promexa, México, 1993.

Batesan, G. Jackson, D. Haciana, Teoría de la esquizofrenia, *Comunicación, familia y matrimonio*, Ed. Nueva visión, Argentina, 1987.

Beattie, Melody, *Ya no seas codependiente*, Promexa, México, 1991.

————, *Más allá de la codependencia*, Promexa, México, 1992.

————, *El lenguaje del adiós*, Promexa, México, 1996.

————, *Guía de los 12 pasos para codependientes*, Promexa, México, 1998.

————, *52 semanas de contacto consciente*, Promexa, México, 2003.

————, *Basta de humillaciones*, Promexa, México, 2005.

————, *El nuevo lenguaje del adiós*, Promexa, México, 2006.

Bennet-Golamantara, *Alquimia emocional*, Ediciones B, Argentina, 2001.

Bradshaw, John, *Volver a la niñez*, Selector, México, 1991.

————, *La familia*, Selector, México, 2000.

Bradshaw, John, Judi Hollis, *La obesidad es un problema familiar*, Promexa, México, 1991.

Casarjian, Rubin, *Perdonar*, Urano, Barcelona, España, 1992.

Forward, Susan y C. Buck, *Padres que odian*, Grijalbo, México, 1989.

—————, *No se obsesione con el amor*, Grijalbo, México, 1991.

Jampolsky, Gerald G., *Enseña sólo amor*, Edivisión, México, 1994.

Linn Matthew, Linn Dennis, *Pertenecer. Lazos entre la sanación y la recuperación*, Promexa, México, 1990.

—————, *No perdones demasiado pronto*, Promexa, México.

Mellody, Pia, *La codependencia: qué es, de dónde procede, cómo sabotea nuestras vidas*, Paidos, 1989.

Minuchis, Salvador, *Familias y terapia familiar*, Ed. Gedisa, México, 1985.

Narcotias anomimas, *Guía para trabajar los pasos de N.A.*, con el permiso de World Serviees, Inc., Ontario, Canadá, 2000.

O'Connor, Joseph, *Introducción a la PNL*, Urano, Barcelona, 1990.

Pierrakos, Eva, *Del miedo al amor*, El método Pathwork para la relación de pareja, Ed. Pax, México, 1993.

Renee, C., *Cuando ayudarte significa hacerme daño*, Vergara, Buenos Aires, Argentina, 1988.

Satir, V., *Relaciones humanas en el núcleo familiar*, Ed. Pax, México, 1980.

Schaeffer, B., *Es amor o es adicción*, Promexa, México, 1992.

Shapiro, L., *La inteligencia emocional de los niños*, Ediciones Z, México, 2002.

—————, *co-dependientes anonymous*, octava edición, Dallas, Texas. 75367-0861, Library of Congress Catalog Caret number: 95-69158.

—————, *The twelve steps and twelve traditions work book of co-dependents anonumous*, Fenix, Arizona: 85067-3577, National literature, committee.

Smith, M., *Cuando digo no me siento culpable*. Ed. Grijalbo, México, 1987.

Watzlawick, Paul, *Teoría de la comunicación humana*, Ed. Graf, Argentina, 1974.

Williamson, M., *Volver al amor*, Urano, Barcelona, 1992.

Legado a Isabel, de Martha Isabel
se terminó de imprimir en Agosto de 2008 en
Quebecor World, S.A. de C.V.
Fracc. Agro Industrial La Cruz
El Marqués, Querétaro
México